JOACHIM BOESSNECK · TELL EL-DAB'A III

ÖSTERREICHISCHE AKADEMIE DER WISSENSCHAFTEN

DENKSCHRIFTEN DER GESAMTAKADEMIE, BAND V

UNTERSUCHUNGEN DER ZWEIGSTELLE KAIRO DES ÖSTERREICHISCHEN ARCHÄOLOGISCHEN INSTITUTES

HERAUSGEGEBEN IN VERBINDUNG MIT DER ÄGYPTISCHEN KOMMISSION
DER ÖSTERREICHISCHEN AKADEMIE DER WISSENSCHAFTEN

BAND III

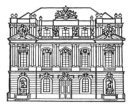

VERLAG DER ÖSTERREICHISCHEN AKADEMIE DER WISSENSCHAFTEN

WIEN 1976

Österreichische Akademie der Wissenschaften
DENKSCHRIFTEN DER GESAMTAKADEMIE, BAND V

JOACHIM BOESSNECK

TELL EL-DAB'A III

DIE TIERKNOCHENFUNDE 1966—1969

MIT 16 TAFELN

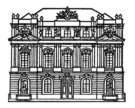

VERLAG DER ÖSTERREICHISCHEN AKADEMIE DER WISSENSCHAFTEN

WIEN 1976

Vorgelegt von w. M. HERMANN VETTERS in der Sitzung am 7. Jänner 1976

Gedruckt mit Unterstützung durch das Bundesministerium für Wissenschaft und Forschung

ISBN 3 7001 0188 0

Druck: Adolf Holzhausens Nfg., Universitätsbuchdrucker, 1070 Wien, Kandlgasse 19-21

Inhaltsverzeichnis

A. Einleitung

Der Tell el-Dab'a liegt in Unterägypten, östlich des Nils „ca. 8 km nördlich der Marktstadt Faqus (dem alten Phakussa), etwa 700 m östlich der Autostraße nach Tanis, beim heutigen Khata'na" (BIETAK, 1968 b, 81 und Fig. 1; Archiv für Orientforschung **23**, 198, 1970, Karte). Die Ausgrabungen standen unter der Leitung von MANFRED BIETAK, der dankenswerterweise, soweit möglich, auch die bei der Grabung zutage getretenen Tierknochen bergen ließ und ihren Transport an das Institut für Palaeoanatomie, Domestikationsforschung und Geschichte der Tiermedizin der Universität München durchsetzte. Über die Fundumstände orientieren mehrere Vorberichte des Grabungsleiters (BIETAK, 1968 a, 1968 b, 1970 a, 1970 b).

Die Tierknochen stammen aus verschiedenen Siedlungsschichten, die alle in den Zeitraum vom Mittleren Reich bis zur späten Zweiten Zwischenzeit (Hyksoszeit) zu datieren sind (ca. 1800 bzw. 1750—1550 v. Chr.). Aus der stratigraphischen Übersicht, die mir MANFRED BIETAK zur Verfügung stellte, ergibt sich für die hier in Betracht kommenden Schichten folgende Einteilung, wobei sich in der absoluten Chronologie noch Veränderungen ergeben können:

Stratum D/1: Ende der Zweiten Zwischenzeit, frühe 18. Dynastie (ca. 1550—1500 v. Chr.). Eine starke Mauer, keine durchgehende Besiedlungsschicht.

Stratum D/2—3: Späte Zweite Zwischenzeit (ca. 1600—1550 v. Chr.) Hausanlagen und Gräber.

Stratum E/1: Mitte der Zweiten Zwischenzeit (ca. 1600 v. Chr.).

Stratum E/2—3: Frühe Zweite Zwischenzeit (ca. 1650—1600 v. Chr.) Haus-, Tempelanlagen und Gräber.

Statum F: Anfang der Zweiten Zwischenzeit (ca. 1675—1650 v. Chr.).

Stratum G: Vermutlich 13. Dynastie (ca. 1750—1675 v. Chr.).

Stratum H: 12. oder 13. Dynastie. Fast keine zeitlich gesicherten Fundobjekte.

Über den Strata der Hyksozeit folgen Bau- und Siedlungsschichten aus dem Neuen Reich und der griechisch-ptolemäischen Zeit.

Der Ruinenhügel Tell el Dab'a, der etwa 500 m Durchmesser hat und sich bis 5 m über das Feldniveau aus dem flachen Fruchtland erhebt, wird im Rahmen der Ausgrabungen als Tell A geführt (BIETAK, 1968 b, 81 ff. und Fig. 1). Auf Tell A wurde an drei Stellen unabhängig voneinander gegraben: A I, A II und A III. Aus A I und A III erhielten wir aber nur ganz wenige Tierknochen übersandt (S. 9, 18); das ganze übrige Fundgut kommt aus A II. Die Grabungsfläche ist in ein System von 10×10 qm Planquadraten unterteilt, die Gräber sind pro Planquadrat durchnumeriert. Fundstellenbezeichnungen mit Datierungshinweis sehen z. B. folgendermaßen aus: A/II-M/12, Planum 3, D 3 oder A/II-M/12, Grab 9, E = Grab A/II-M/12, Nr. 9, E (vgl. BIETAK, 1968 b, Fig. 4, 1970 a, Abb. 3 und 6). Hierzu kommen noch spezielle Hinweise. Auf die Herkunftsangabe A II wird jedoch meist verzichtet, da das Planquadratsystem von A/II ab 1968 für den gesamten Tellbereich allein angewendet wird.

Der Erhaltungszustand der meisten der Tierknochenfunde ist ganz außerordentlich schlecht. Sie sind zerbröckelt und zerbröselt. „*Gerade die wertvollsten Skelette lagen auf einem Niveau, das einem Wechselbad des schwankenden Grundwasserspiegels ausgesetzt war. Aber auch außerhalb des Grundwasserbereiches waren die Knochen durch den kalkarmen Boden ausgelaugt. Die Knochensubstanz war meist nicht viel fester als das die Knochen umgebende Erdreich*" (BIETAK, 1970 a, 16). Mit der Bergung und Erhaltung der Tierknochen gaben sich ENGELMAYER und JUNGWIRTH (1968) sowie SATZINGER (1969) alle Mühe.

Anthropologische Angaben über einen Teil der Menschenskelette machen JUNGWIRTH und ENGELMAYER (1968) sowie JUNGWIRTH (1969).

Das Fundgut an Tierknochen vom Tell el-Dab'a ist so recht geeignet, zu demonstrieren, daß die eingebürgerten, immer wieder erneut gegeneinander abgewogenen Methoden des osteoarchäologischen Mengenvergleichs gänzlich versagen können. Weder die Gegenüberstellung der Fundzahlen noch ein Vergleich der Mindestindividuenzahlen (MIZ) oder schließlich der Knochengewichte bringt brauchbare Ergebnisse, weil das Untersuchungsmaterial zu ungleichartig zusammengesetzt, zu schlecht erhalten und zu einem beträchtlichen Teil verkohlt ist. An sich ganze Skelette, von denen aber nur kleine Teile, zum Teil gehärtet, geborgen werden konnten, Speisebeigaben, die aber vielfach nicht klar in ihrem Zusammenhang zu erkennen sind, Reste von Brandopfern, Bauopfer (?), Speiseabfall der Bewohner des Tells und zufällige Einmischungen bilden, meist in bröckligem, splitterhaftem Zustand, ein Konglomerat, das nur in der Weise dokumentiert werden kann, wie es in Kapitel B geschieht.

Einen Fund der afrikanischen Weichschildkröte (s. S. 17) und die in Abschnitt B u. a. aufgeführten Fischknochen bestimmte liebenswürdigerweise Herr Dr. J. LEPIKSAAR, Göteborg. Die Molluskengehäuse (s. S. 15, 18) bestimmte Herr G. FALKNER, München. Beiden Herren sei für ihre Mitarbeit herzlich gedankt.

B. Verteilung der Tierknochenfunde über die Flächen und Gräber

Die Zuordnung nach den Besiedlungsschichten (Strata, abgekürzt: Str.) erfolgt mit relativer Wertigkeit (nur für das Planquadrat gültig) mit Schichtenzählung durch Kleinbuchstaben und mit absoluter, für den ganzen Tell geltenden Wertigkeit, mit Großbuchstaben (vgl. o. S. 7).

1. Grabungsplatz A/I

Die einzigen aus A/I übersandten Tierknochen sind die Reste eines ca. 3/4jährigen *Schafes*, gefunden in G/3 N-Profil bei Grab 1, Bestattung 1, datiert in Stratum D/2—3. Vom Schädel liegen nur je 5 Oberkiefer- und Unterkieferbackzähne vor, wobei die M_2 im Durchbruch waren, sowie ein Petrosum. Alle anderen, weniger widerstandsfähigen Teile des Schädels fehlen und sind wohl zerfallen und vergangen gewesen. 1 Hals-, 2 Brust- und 1 Lendenwirbelbruchstück blieben von der Wirbelsäule erhalten und von den Extremitätenknochen nur das Distalende des rechten Humerus mit angewachsener Trochlea sowie eine Phalanx 2, deren Epiphysenfuge im Verwachsen begriffen war. Inwieweit vollständig das Tier beigegeben wurde, bleibt ungewiß. Das Grab war durch tiefreichende Fundamente von Stratum B (19. Dynastie) z. T. gestört worden.

2. Grabungsplatz A/II [1]

K/11, Planum 2/3, 1,80 m/O, 1,10 m/N, Str. c—d = E/1—2, Keramikdepot NO-Eck (Inv. Nr. 743—747):
Rind: Phalanx 2, Epiphysenfuge im Verwachsen. Unbestimmt: 1 Röhrenknochensplitter (Rind?).

K/11—K/12, Profilsteg, Ziegelversturz, Str. c = D?:
Rind: Hornzapfen in Teilen.

K/12, Planum 2, Str. b = D/3:
Schaf ♀: Atlas.
Schwein: I inferior; Femurschaft, ca. 12 cm lang, proximal und distal quer abgeschlagen.

K/12, SO-Eck, Str. E/1—2:
Rind: Lendenwirbel'[1].

K/12, Planum 6, in einer Grube, 1,50 m/N, 3,35 m/O, 2,30 m/T, Str. f = G oder H:
Rind: Scapula'.
Schaf/Ziege: Tibiaschaftstück.

K/12, Planum 6, 0,80 m/O, 2,40 m/S, 1,80 m/T, aus einem Tongefäß, Str. f = G oder H:
Rind: Lendenwirbelhälfte, Epiphysenfugen offen, Metacarpus, Distalende', Epiphysenfugen offen.
Schaf: Ulna' und Radius ohne Distalregion.
Schwein: Lendenwirbel, Epiphysenfugen offen; Calcaneus', Epiphysenfugen offen.

K/12, 2 m/O, 1,80 m/N, unterste Bauschicht, Str. H:
Rind: Calcaneus'.
Schaf: Talus.
Schaf/Ziege: Unterkiefer', M_1 im Durchbruch; Rippe'.
Schwein: Rippe'.

K/12, aus einem Grab, 3,20 m/W, 0,70 m/N, 0,30 m/T, Str. D/2—3:
Rind: M^1; Unterkiefer'; 2 Rippen; Radius', Talus und Calcaneus', zusammengehörig; Phalanx 1'.
Schaf: Humerus'; Radius, Proximalteil, Epiphysenfuge geschlossen; Metacarpus, dist. Epiphysenfuge offen.
Schaf/Ziege: 2 Unterkiefer', M_3 noch nicht durchgebrochen; Unterkiefer', M_3 im Durchbruch; 2 Brustwirbel, 2 Lendenwirbel, zusammengehörig; Rippe'; Lendenwirbel'; Scapula'; Darmbeinschaufel; Tibia' MIZ [2]: 2.

K/14, Grab 1, aus der Grabkammer, Str. D/2—3:
Schaf/Ziege: M^2, aboral noch im Durchbruch.

K/14, Grab 1, Planum 4, Str. D/2—3:
Schaf/Ziege: M sup.; Humerus, Distalteil, Epiphysenfugen geschlossen, verbrannt.

---

[1] Ein Apostroph hinter einer Knochenbezeichnung bedeutet „Fragment" oder „Bruchstück".

[2] MIZ = Mindestindividuenzahl.

K/14, Planum 3, 1,70 m/W, 1,10—1,30 m/S, 1,70 m/T, in einer Mauer: vgl. Feldzeichnung (Fz)[3] 1 : 10, Nr. 63, Str. D/3:
Rind: unter anderem: Wirbel', 2 Rippen', Scapula', Radius', Ulna', Femur', Tibia' und zahlreiche weitere kleine Bruchstücke. — Bauopfer?
Schaf/Ziege: P_4 bis M_3.
Das gesamte Knochenfundgut ist extrem bröckelig.

K/14, Planum 1/2, 3,10 m/O, 4,40 m/S, 1,10 m/T, Str. b = D/3—2:
Rind: Becken', geschwärzt.

K/14, Planum 4, aus einer Abfallgrube im NO-Eck, (vgl. Fz 1 : 50, Nr. 64, 1 : 20, Nr. 71), als Grab 2 gezählt, Str. a = D/1?:
Rind: Radius, Proximalteil, zerbröckelt.

K/14, aus der Füllung des Grabes 4 (vgl. Fz 1 : 20, Nr. 73), Str. e = F:
Schwein: Humeruskörper, distal quer abgeschlagen.

K/14, Planum 5/6, aus der Grube von Grab 4 (vgl. Fz 1 : 20, Nr. 73), Str. e = F:
Schaf: Radius und Ulna, adult.

L/10, Grab 1, Pithos, im Profilsteg zu M/10 (vgl. Fz 1 : 50, Nr. 166 und Neg. 99/48, 50), Str. c = E/1:
Rind: Schwanzwirbel'; Calcaneus, Epiphysenfuge offen.

L/10, Planum 3, nördlich der NO—SW-ziehenden starken Mauer, im Tempel (vgl. Fz 1 : 50, Nr. 76), Str. E/2: verbrannte Tierknochen.
Rind: unter anderem: Petrosum; Hornzapfen'; Halswirbel'; Lendenwirbel'; Rippe'; Scapula'; Radius, lose distale Epiphyse; Becken'; Calcaneus'.
Schwein: unter anderem: Hirnschädel'; Scapula'; Humerus, lose distale Epiphyse.
Zahlreiche weitere kleine Splitter von Rinder- und Schweineknochen. Alle Knochen sind stark verkohlt oder kalziniert.

L/10, S-Profil, 3,70 m/S, 1,50 m/O, 2,20 m/T, unter dem Gang zum westlichen Sanktuar, Str. F oder G:
Rind: Tibia, Proximalteil, Epiphysenfuge im Verwachsen.

L/11, aus dem Pronaos des Tempels, Str. E/2:
Rind: Scapula'.
Schaf/Ziege: Brustwirbel'; Becken'.
Schwein: Unterkiefer', adult; Scapula, Tuber verwachsen.
Alle Knochen sind stark verkohlt oder kalziniert.

L/11, Planum 2, innerhalb und auf einer umgestürzten Mauer von Str. b = E/2, vermutlich von der unmittelbar benachbarten Opferstelle beim Einplanieren mit Ziegelversturz vermengt (vgl. Abb. 36 und Fz 1 : 50, Nr. 82 und 1 : 20, Nr. 90/7):
Schaf: Zerbröckelte Widderhornzapfen.
Kuhantilope: Zerbröckelte Kalotte mit Hornzapfen (s. S. 31 und Abb. 7).

L/11, Grab 1, Str. F:
Schaf: Calcaneus, Epiphysenfuge im Verwachsen.

L/11, Grab 3, aus der Grabkammer (vgl. Abb. 27 und Fz 1 : 20, Nr. 87), Str. F:
Schaf ♂: Schädel mit Unterkiefer, adult; Radius, Distalteil, adult.

L/11, Grab 3 (vgl. Fz 1 : 20, Nr. 85, 87), Str. F:
Schaf ♂: Beckenhälfte; Sternum'.

L/11, Grab 3, Tierknochen auf Teller 10 (Inv. Nr. 1227), Str. F:
Schaf/Ziege: M sup. und Unterkiefer rechts und links von einem Lamm.
Mittlere Region einer Brustwirbelsäule von einem adulten Tier.

L/11, Grab 3, Tierknochen auf Teller 12 (Inv. Nr. 1225), Str. F:
Rind: Rippe'.
Schaf/Ziege: 4 Oberkieferzähne, 3 Unterkieferzähne, zusammengehörig; M_2 vorn in Reibung.

L/12, Grab 2 (vgl. Fz 1 : 20, Nr. 95), Str. E/1:
Equidenpaar: Bergung mißlungen (vgl. u. S. 21).

L/12, Grab 3 (vgl. Fz 1 : 20, Nr. 102, 109), Str. E/2:
Schaf: Petrosum; Hornzapfen'; Radius, lose distale Epiphyse; Ci; Metacarpus, Proximalteil; Calcaneus, Epiphysenfuge offen.
Schaf/Ziege: Je 2 M_1 sup. und infer., vorn geringgradig abgerieben, Unterkiefer', wahrscheinlich zu dem Schaf gehörig.

L/12, Grab 5 (vgl. Fz 1 : 20, Nr. 104), Str. F:
Esel: 5 (?) Bestattungen (s. u. S. 21).

L/12, Grab 5, großes Tongefäß bei den Equiden (vgl. Fz 1 : 20, Nr. 95), Str. F:
Rind: 2 je 12 cm lange, quer abgesägte Rippenabschnitte. — Fleischbeigabe!

L/12, Grab 5, südlich des Sarkophags, Str. F:
Rind: Rippe'.

L/12, Grab 5, nördlich, östlich und südlich der Bestattung (vgl. Abb. 25 und Fz 1 : 20, Nr. 107), Str. F:
Rind: Hirnschädel in Teilen; P sup.; Unterkiefer'; Brustwirbel'; 5 Rippen'; 2 Humerus'; 1 Metacarpus'; 2 Becken'; 1 Tibia. — Die Rinderreste sind von mindestens einem adulten Rind und von einem Kalb.
Schaf ♂: Ein adultes Skelett und Teile eines zweiten adulten Bockes.
Ziege: Humerus, Distalteil, Epiphysenfugen geschlossen; Radius, Proximalteil, Epiphysenfuge geschlos-

---

[3] Feldzeichnung: Im folgenden abgekürzt Fz. Das Zitat nach der Feldzeichnung (Planum, Profil oder Detailzeichnung) erfolgt, wenn die Knochenreste dort eingezeichnet sind oder diese noch unveröffentlichten Dokumente zum Verständnis der stratigraphischen Zuordnung unbedingt notwendig sind.

sen; Tuber olecrani, Epiphysenfuge offen; Femur'; Metatarsus, Distalteil, Epiphysenfuge offen; Phalanx 1, Epiphysenfuge offen. — MIZ 1 Jungtier.

Schaf/Ziege: Zahlreiche weitere Schaf- und Ziegenknochen von noch mindestens einem adulten und einem jungen Tier.

Schwein: Hirnschädel'; Scapula, Ventralteil; Phalanx 1'.

Hund: Beckenhälfte (vgl. u. S. 34).

Fisch: Aalwels, *Clarias anguillaris*: Teile des Schädelpanzers (Frontale + Sphenoticum sin., 2 Kleinfragmente), Operculare dext.

L/12, NW—SO-Rand unterhalb von Grab 5, vermutlich Str. H:

Schaf/Ziege: Unterkiefer'.

L/13, Nordprofil, aus dem angeschnittenen Grab, dessen Hauptteil in K/13 liegt (vgl. Fz 1 : 20, Nr. 115), Str. E/2—3:

Rind: M_2; Halswirbel'; Brustwirbel'; Lendenwirbel'; Rippe'; Scapula'; Humerus, Distalteil, Epiphysenfugen geschlossen, Hackspuren medial und lateral; Becken'; Femur'; Patella; Tibia'.

Schaf ♀: Oberschädel in Bruchstücken, adult.

Schaf/Ziege, zusätzlich: 2 M^3 von 2 Tieren, geringgradig und mittelgradig abgerieben; P infer.; Femurschaft'.

Schwein: Oberkiefer', Molarregion, M^3 geringgradig abgerieben.

L/14, Grab 1, Str. D/3:

Schaf: Talus, oberflächlich verkohlt.

Schwein: Ulna, Epiphysenfuge offen.

L/14, Grab 4, Str. D/3:

Rind: Rippenknorpel'; Radius'; Tibia'; Os malleolare; Röhrenknochensplitter von kompakter Substanz.

Schaf: Radius, Proximalteil, Epiphysenfuge geschlossen; Metacarpus, distale Epiphysenfuge offen; Metacarpus, lose distale Epiphyse; Beckenhälfte ♂; T_2 und ₃; Metatarsus, distale Epiphysenfuge geschlossen.

Ziege: Scapula', Tuber abgeschlagen; Metacarpus, Proximalteil.

Schaf/Ziege: Os incisivum; Unterkiefer in Teilen, M_3 mittelgradig abgerieben; 5 Brustwirbelsplitter; Lendenwirbel; 20 Rippensplitter; Humerus, Distalteil, Epiphysenfuge geschlossen; Metacarpus'; Femur'; Femur, Proximalende, Epiphysenfuge offen; 4 Tibia': Distalende, Epiphysenfuge geschlossen; Distalende, Epiphysenfuge offen; lose distale Epiphyse; Schaftstück.

Gazelle: Zehenskelett (vgl. o. S. 32 u. Abb. 4).

Schwein: I infer.

Bläßhuhn: Humerus, Distalteil; Tibiotarsus, Distalteil (s. S. 35).

Fisch: Welsart, vielleicht *Clarias spec.*: Vertebra (Corpus, defekt). Nilbarsch, *Lates niloticus* (?): Vertebra praecaudalis. Unbestimmt, vielleicht Lates niloticus: Costa?

Die Knochenreste dieses Grabes sind von heller, gelbbräunlicher Farbe und von kompakter Konsistenz. Sie ergeben folgende Individuenzahlen: 1 Rind, mindestens 2 Schafe — ein juveniles und ein subadultes bis adultes —, 1 Ziege, 1 Schwein, 1 Bläßhuhn und 2 Fische.

L/14, Grab 7, Beigabenkammer (vgl. Abb. 28 und Fz 1 : 10, Nr. 126), Str. E/3 oder F:

Rind: zerbröckeltes Skelett eines etwa 1½ Jahre alten Jungrindes.

Schaf/Ziege: 5 Oberkieferzähne und 2 zusammengehörige Unterkieferhälften mit geringgradig abgeriebenen M_3; 5 Backzähne infer., M_3 beiderseits im Durchbruch; Femur, distale Epiphyse.

Fisch: Lepidotrichie (der Brustflosse?) vielleicht einer Welsart.

L/15, Planum 2, 0,90 m/W, 4,70 m/S, 1,35 m/T (vgl. Fz 1 : 50, Nr. 134) Str. b = D/2—3:

Rind: Phalanx 2, adult.

L/15, Planum 2/3, 1,20 m/O, 2,85 m/S, 1 m/T, Str. b = D/2—3:

Rind: I infer.

L/15, Planum 2, 1—1,40 m/W, 2,80—3,60 m/S, 1,30 m/T, im Niveau unter der Mauerkrone, Str. b = D/2—3:

Rind: Unterkiefer und Scapula in kleinsten Splittern.

L/15, Planum 2 (1—1,70 m/W, 1,80 m/N, 1,50 m/T (vgl. Fz 1 : 50, Nr. 134), Str. b = D/3:

Rind: Zahllose kleinste Knochensplitter von bröseliger Konsistenz, davon erkennbar: Hornzapfen', Humerus', Radius', 3 Metatarsusbruchstücke, 3 Phalangen 1, 4 Phalangen 2, adult.

Schaf: Cr.

L/15, Planum 2/3, 0,85 m/O, 4,30 m/N, 0,95 m/T, Str. c = E/1—2:

Rind: M infer.; Rippe in Splittern; Phalanx 1, adult.

L/15, Grab 3, aus der Grabgrube (vgl. Fz 1 : 10, Nr. 140), Str. D/2—3:

Rind: Tibia, Proximalteil, zerbröckelt.

L/15, Grab 5, Str. F:

Schwein: Humerusschaft'.

L/15, W-Profil, 4,20 m NN (vgl. Fz 1 : 20, Nr. 146), zwischen Mauern von Str. g und h = H:

Esel: Femur, Distalende, adult.

Rind: Humerus, Distalende, Epiphysenfuge geschlossen.

L/16, Planum 2, 4 m/O, 4,40 m/N, 1,45 m/T, aus einem Gefäß (vgl. Fz 1 : 50, Nr. 148/1), Str. c = E/2—3:

Rind: Rippe in Splittern; Femur'.

Unbestimmt: kalzinierter Splitter.

Fisch: Vielleicht das Knochenschild vor der Rückenflosse von *Synodontis* (*serratus?*).

L/16, Planum 2/3 (0,80 m/W, 3,50 m/N, 1,30 m/T), aus einer Abfallgrube (vgl. Fz 1 : 20, Nr. 161/7) von Str. b = D/3:

Rind: Hornzapfen in Splittern; Brustwirbel'; Lendenwirbel', 2 Rippen in Splittern; Femur'.

Schaf: Metacarpus in Teilen.

Schaf/Ziege: Unterkiefer', M_3 geringgradig abgerieben; 2 Rippen; Talus.

Schwein: Humerus'; Metatarsus'; Phalanx 1, Epiphysenfuge geschlossen.

L/16, Planum 4 (vgl. Fz 1 : 10, Nr. 153), 2 m/W, 2,50 m/N, 1,90 m/T. Sofern nicht Störung (Grube) von Str. D/3 vorliegt (vgl. Fz 1 : 20, Nr. 161/7), Str. d = E/3 — F:

Rind: 2 Brustwirbel'; Rippe'; Scapula'; Humerus'; Femur'.

Schaf: Metacarpusschaft'.

Schaf/Ziege: Unterkiefer', 3 Rippen'; Scapula'; Radius', Tibia'.

Unbestimmt: ca. 30 kleinste Bröckel, die wahrscheinlich weitgehend zu den aufgeführten Knochen gehören.

Fisch: Welsart, vielleicht *Clarias spec.*: Cleithrum? — Wahrscheinlich Nilbarsch, *Lates niloticus*: Pterygiophore. — Tilapia spec.: Cleithrum sin., Keratohyale sin.

L/16, Grab 1, aus der Kammersohle, Str. b = E/1 (viell. D/3):

Esel: M^1 geringgradig abgerieben, M^2 frisch durchgebrochen, $M_{1 oder 2}$ geringgradig abgerieben.

L/16, Grab 2, aus Raubloch, Str. b = E/1 (viell. D/3):

Schaf: Backzahnreihe des Unterkiefers, M_3 im Durchbruch.

L/16, Grab 2, Planum 3, Str. E/1 (viell. D/3):

Esel: M sup., kurz vor dem Durchbruch; Humerus, Distalteil, Radius, Proximalteil, zusammengehörig.

Rind: 5 Hornzapfenstücke.

Schaf: 6 Petrosa; 53 lose Zähne; mehrere dazugehörige weitgehend zersplitterte Kieferreste; zahlreiche kleinste Wirbel- und Rippenbruchstücke; 4 Humerus', distale Epiphysenfuge geschlossen; 3 Radius' und 2 lose distale Epiphysen; 2 Metacarpus' und 2 lose distale Epiphysen; 4 Becken'; 10 Femur', soweit ersichtlich, distale Epiphysenfuge offen; Patella; 9 Tibia' und 3 lose distale Epiphysen; 7 Tali, 2 Calcanei, Tuber abgeschlagen; 3 Centrotarsalia; 2 Metatarsus'; Phalanx 1, proximale Epiphysenfuge im Verwachsen; Phalanx 1, proximale Epiphysenfuge offen; Phalanx 2, proximale Epiphysenfuge geschlossen; 2 Phalanx 2, proximale Epiphysenfuge offen. — An Hand der Zähne läßt sich eine MIZ von 7 Tieren auszählen. Davon war

1 ca. ¼jährig, 4 waren ca. ¾—1¼jährig und 2 ca. 1½jährig.

L—M/10, 4 m/W, 6,05 m NN, bei Schlammziegelmauer, Str. E/1:

Rind: M_2, geringgradig abgerieben; Patella verkohlt.

M/10, 2 m/S, 2 m/O, 6,45—6,94 m NN, Pithos 1 (Vorratsgefäß), Str. b oder c = D/2—3 (Abb. 33):

Rind: Petrosum; Phalanx 1, adult.

Schaf/Ziege: Brustwirbel.

Graugans: Humerus (s. S. 35).

Unbestimmt: 20 halbverbrannte Splitter.

M/10, Planum 2/3, Pithos im SO-Eck, „angebrannte Tierknochen", Str. b—c = D/2—3:

Schaf/Ziege: Rippe.

Hausratte: Beckenhälfte (s. u. S. 34).

Unbestimmte Säugerknochen: 5 verkohlte Splitter.

Fisch: *Tilapia spec.*: Vertebra caudalis ant.; 2 Stachel der Rückenflosse; 1 Stachel der Bauchflosse; 2 Lepidotrichien.

Unbestimmte Fischknochen: 2 Splitter.

M/10, Planum 5, Rundbaumitte, aus Vorratsgefäß (vgl. Fz 1 : 50, Nr. 169), Str. e = E/3 oder F:

Schaf/Ziege: Oberkiefer'; Unterkiefer in Teilen, M_3 mittelgradig abgekaut; 2 Rippen.

M/10, an der Umfassungsmauer des Tempels (vgl. Fz 1 : 50, Nr. 169), Str. E/2—3:

Schwein ♂: Unterkiefer in Teilen, adult.

Unbestimmter Fisch: Basioccipitale, Praeoperculum?, Cleithrum?

M/10, Planum 5, unter dem Fundament der Tempelumfassungsmauer, Str. e = E/3 — F:

Rind: Humerus'; 2 nicht zusammengehörige proximale Radiusenden, Epiphysenfuge verwachsen; Femur, Distalteil, adult; Metatarsus, adult; 2 Phalangen 1 und 2 Phalangen 2, proximale Epiphysenfugen geschlossen; Phalanx 3'; 3 Sesambeine.

Schwein: Scapula, adult, pathologisch verwachsen (Abb. 12).

M/10, Planum 5/6, Str. F oder G:

Rind: Unterkiefer'; Talus.

Schaf: Humerus'.

Schaf/Ziege: Rippe.

M/10, Grab 7, bei Bestattung 2, Str. E/2—3:

Rind: Phalanx 2.

Schwein: 2 Hirnschädelteile; 2 Brustwirbel.

M/10, Grab 8 (vgl. Fz 1 : 10, Nr. 173), Str. F:

Rind: Gesichtsschädel'; Rippe in Splittern; Schwanzwirbel; Cu; Metacarpus, Proximalende; Femurschaft'; Femur, Proximalteil, von einem Kalb.

Schaf: Radius, Proximalteil; Humerusschaft'.

Ziege: Calcaneus, Tuber verwachsen.

Schaf/Ziege: 2 Oberkiefer'; 2 Halswirbel; 2 Rippen'; 2 Humerus'; Metatarsus, Distalende, Epiphysenfuge offen; Becken'; Femur'; Tibia'.

Schwein: Radius, Proximalteil. Epiphysenfuge verwachsen.

Fisch: Welsart, wahrscheinlich *Clarias spec*: Stachel der linken Brustflosse.

M/10, Grab 8, Zähne im Teller Nr. 14 (Reg. Nr. 1767) — südlich des Schädels von Bestattung 2, Str. F:

Schaf/Ziege: 5 zusammengehörige Backzähne des Unterkiefers; M_3 dext. und sin. frisch durchgebrochen.

M/10, aus der Sohle der Grube von Grab 8 (südlich des Grabbaues), Str. F oder G:

Rind: Scapula in Splittern, Tuber verwachsen; Radius, distale Epiphysenfuge geschlossen — adultes Rind. Metatarsus, Distalteil, Epiphysenfuge offen — junges Rind.

Schaf: ganzer Radius, proximale Epiphysenfuge geschlossen, distale Epiphysenfuge offen.

M/10, aus einem Vorratsgefäß südlich von Grab 8, Str. G:

Rind: Becken in Teilen, Acetabulumfugen offen.

M/10, Grab 9, auf Teller Nr. 4 ruhend (vgl. FZ 1 : 10, Nr. 175), Str. F:

Schaf/Ziege: Hirnschädelstück, Ober- und Unterkieferzähne, zersplittert, M_3 im Durchbruch — zusammengehörig.

M/10—11, auf Hausboden, Str. E/3:

Rind: Rippe'.

M/11, Planum 3, Pithosgrab 4, Str. D/3—E/1:

Rind: 2 Rippen'; Femurschaft'; Calcaneus, Tuber offen; Tibiaschaft'; Phalanx 2.

Schaf: Scapula, Tuber verwachsen; Metatarsus ohne Distalende.

Schaf/Ziege: 2 Radiusschaft'; Tibia, Distalteil, Epiphysenfuge geschlossen; Metatarsusschaft'.

M/11, Planum 3, aus der Nähe des Grabes 4, Str. d = E/1:

Rind: Brustwirbel'; Humerus, Distalende in Teilen; Metacarpus, Distalende, Epiphysenfuge geschlossen; Tibia, Distalende in Teilen, Epiphysenfuge geschlossen.

Schaf: Metatarsus, Distalende, Epiphysenfuge geschlossen.

Schaf/Ziege: M_1 infer., geringgradig abgerieben; Unterkiefer'.

M/11, Planum 5, Grab 9, Kindergrab im südlichen Sanktuar des Tempels, Str. E/2:

Fisch: Wahrscheinlich *Tilapia spec.*: Stacheln von unpaariger Flosse.

M/12, Planum 3, Pithos 4, Str. D/3—E/1:

Rind: Rippe in kleinen Splittern.

Unbestimmt: 1 kalzinierter Splitter.

M/12, Planum 3, 2,35 m/O, 5 m/N, 5,90 m/NN, Anhäufung von großen Tonscherben, Steinen und Tierknochen (vgl. Fz 1 : 50, Nr. 197, Neg. 47/52, 54),

Str. E/1; die Knochen stammen möglicherweise von der Ausplünderung des Grabes M/12 — Nr. 9 (vgl. Abb. 35):

Pferd: Backzahn sup. (Abb. 2).

Rind: Zahlreiche zerbröckelte Knochen aus allen Regionen des Skeletts (bestimmbar ca. 50 Stücke). MIZ 1 junges und 1 adultes Rind.

Schaf: Zahlreiche Knochen aus allen Regionen des Skeletts (bestimmbar ca. 40 Stücke). — MIZ 1 junges und 1 subadultes Schaf.

Schwein: 2 Unterkiefer', M_3 noch nicht durchgebrochen, Pd_4 stark abgerieben, 2 Brustwirbel; Lendenwirbel; Rippe'; Scapula', Tuber im Verwachsen; Tibia, Proximalteil, Epiphysenfuge offen — Jungtier Pd_4, frisch in Reibung — Ferkel.

Flamingo: Femur, Proximalteil, dext.; Femurschaft' sin. (s. S. 34).

Fisch: Nilbarsch, *Lates niloticus*: Articulare dext.

M/12, Grab 3, mit dem menschlichen Skelett vermengt, Str. D/3:

Flamingo: Femur, ohne Distalende (s. S. 34 und Abb. 9).

M/12, Grab 5, Pithos, Str. D/3—E/1:

Rind: Phalanx 1' und 2, zusammengehörig, Epiphysenfugen geschlossen.

Schaf/Ziege: Brustwirbel'; Femur'.

M/12, N-Profil (vgl. Fz 1 : 20, Nr. 219, Laufmeter 2, 5,70 m/NN), Str. E/2:

Ziege ♂: Hornzapfen in Splittern.

Schaf/Ziege: Unterkiefer', M_3 begann zu reiben.

M/12, Grab 8, Str. E/2:

Gazelle: Epistropheus, kaudale Epiphysenfuge offen.

M/12, Grab 9 (vgl. Fz 1 : 10, Nr. 204, 205, 210, 211), Str. E/2:

Pferd: Backzahn sup., frisch durchgebrochen (s. S. 25, Abb. 2).

Esel: 2 Bestattungen südöstlich des Grabeinbaues in der Grube (s. u. S. 21, Abb. 16, 17, 24).

Rind: Mindestens 70 Zähne und Knochenstücke von einem Kalb und mindestens 2 adulten Tieren.

Schaf: 3 Humeri, Distalteile, adult; Radius, Distalteil, adult; Radius, Distalhälfte, Epiphysenfuge offen, infans; Cr; Metatarsus'. — MIZ 3, ein noch nicht einjähriges und 2 adulte Tiere.

Schaf/Ziege: Mindestens 20 Zähne und Knochen, die von den oben erwähnten Schafen sein könnten. Das Jungschaf wäre gegebenenfalls etwa 3/4jährig gewesen (M_2 im Durchbruch).

Schwein: lose distale Radiusepiphyse.

Mittelgroßer *Entenvogel*: Humerusschaftabschnitt.

Bläßhuhn: Humerusschaftabschnitt (s. u. S. 35).

M/12, Grab 13, bei Bestattung 1, Str. E/2:

Rind: Phalanx 2, adult.

M/12, Grab 14, Str. E/1—2:
Rind: Unterkiefer in Teilen.
Schwein: Brustwirbel, juvenil.

M/12, im Südprofil, 1,50 m/O, ca. 4,90—5 m/NN, Str. G oder F:
Rind: Unterkiefer', Pd 4 mittelgradig abgerieben.

M/12, Planum 5 (vgl. Fz 1 : 50, Nr. 199), Str. f. = F od. G (vgl. Abb. 37):
Rind: Über 20 Knochen vom Schädel, Rumpf und den Extremitäten von einem adulten und einem juvenilen Rind, stark zerbröckelt, darunter 2 an der Basis abgeschlagene Hornzapfen.
Schaf: 3 Halswirbel (2.—4.), adult.
Schwein: Unterkiefer'.
Hund: adulter ganzer Humerus (s. S. 34 und Abb. 3).

M/13, Grab 12, im Profilsteg zu M/13, Tierknochen aus Pithos (vgl. Fz 1 : 20, Nr. 237 und Neg. 92/24), Str. E/2:
Rind: Tibia, Distalteil, Epiphysenfuge geschlossen.
Schaf: Radius in Teilen.

M/12—13, Profilsteg 4—5,50 m/S, Ansammlung von größtenteils verkohlten Tierknochen (vgl. Fz 1 : 50, Nr. 196), Str. E/2:
Rind: zahlreiche (bestimmbar über 20) verkohlte oder kalzinierte und 5 nicht verbrannte Knochen' aus allen Regionen des Skeletts.
Ziege: Metatarsus, Proximalteil.
Schaf/Ziege: 5 M infer.; Lendenwirbel'; Scapula, Tuber lose; 2 Tibiae, Distalteile, Epiphysenfugen offen — diese nicht verbrannten Knochen gehören wahrscheinlich alle zu einem Ziegenlamm.
Schwein: Oberkiefer', subadult; Scapula', verkohlt.
Fisch: Nilbarsch, *Lates niloticus*: Quadratum dext.; Stachel der rechten Bauchflosse.

M/13, Planum 2, aus dem NW-Eck (vgl. Abb. 30 und Fz 1 : 50, Nr. 237), Str. c = D/3:
Rind: ca. 30 Zähne und Knochenstücke von mindestens 4 Individuen: 1. und 2. M 2 im Durchbruch; 3. M 2 geringgradig abgerieben; 4. M 3 mittelgradig abgerieben.
Schaf/Ziege: 3 Unterkiefer' und ein M_3: 1. M_2 im Durchbruch; 2. M_3 geringgradig abgerieben; 3. M_3 mittelgradig abgerieben; 4. M_3 hochgradig abgerieben.

M/13, Grab 4 (vgl. Fz 1 : 20, Nr. 235/a), Str. E/1:
Schaf/Ziege: Unterkieferhälfte, M_3 hochgradig abgerieben.

M/13, Grab 4, Planum 6, aus der Grabgrube, südlich des Kammerzugangs auf der untersten Ziegellage aufliegend (vgl. Fz 1 : 10, Nr. 230), Str. E/1:
Nilpferd: Talus (s. u. S. 33 und Abb. 13).

M/13, Planum 4 bis 5, aus dem Keramikdepot (vgl. Fz 1 : 50, Nr. 226, Neg. 63/61—55), Str. E/2—3:

Rind: 25 Knochenteile aus allen Regionen des Skeletts. MIZ 3, ein Kalb und 2 adulte Tiere.
Schaf: Scapula', Tuber verwachsen; Metatarsus ohne das Distalende; Metatarsusschaft', verkohlt. — MIZ 2.
Schaf/Ziege: Oberkiefer'; M_3, hochgradig abgerieben; Ulna'; Metacarpus'; Tibia, Distalende, Epiphysenfuge geschlossen.

M/13, Grab 7, Str. E/2—3:
Fisch: Wahrscheinlich Nilbarsch, *Lates niloticus*: Pterygiophore.

M/13, Grab 8, aus dem Pithos, Str. E/2—3:
Schaf/Ziege: M^2, geringgradig abgerieben; Rippe'.

M/13, Grab 13, bei der Anhäufung der Gebeine von Bestattung 4 (WNW-Teil der Grabkammer), vgl. Fz 1 : 10, Nr. 232, Str. E/3:
Schaf/Ziege: Femur', distale Epiphysenfuge offen.

M/13, Grab 13, bei dem Schädel von Bestattung 2 (vgl. Fz 1 : 10, Nr. 232), Str. E/3:
Schaf: Tibia, Distalteil, Epiphysenfuge geschlossen; Phalanx 1, Epiphysenfuge offen; 2 Phalangen 2, Epiphysenfuge offen. — 2 Individuen: 1 Lamm und 1 anscheinend adultes Tier.
Schaf/Ziege: 4 Oberkieferzähne, M^1 frisch in Reibung. Pd_4, geringgradig abgerieben. Möglicherweise von dem erwähnten Schaflamm.

M/13, Planum 7, aus SO-Raum auf Siedlungsboden aufliegend (vgl. Fz 1 : 50, Nr. 228), Str. f = G (vgl. Abb. 38):
Rind: Hirnschädel'; Lendenwirbel'; Humerus' Kalb; Radius, Distalteil, Kalb; 3 Carpalia, Kalb; Becken', Kalb. — Die Funde stammen von einem Kalb und einem adulten Tier.
Schwein ♂: Oberkiefer', jungadult, P gewechselt.

M/14, Planum 4, Str. E/3:
Schaf/Ziege: Halswirbel'.

M/15, aus dem S-Profil, 1,10 m/W, 0,60 m/T, Str. D/2—3:
Rind: Radius, Distalteil, in Splittern, Epiphysenfuge offen.

M/15, Grab 3, in der Grube mit den Außenbeigaben, Str. D/2—3:
Schaf: Petrosum.
Schaf/Ziege: 8 Oberkieferzähne, M_3 noch nicht durchgebrochen, wahrscheinlich mit dem Felsenbein zusammengehörig.
Unbestimmt: 3 Röhrenknochensplitter eines Tieres von Jungrindgröße.

M/15, Grab 4, Planum 2, Str. D/3—E/1:
Rind: M infer.; 2 Rippen'.

M/15, Grab 7, Planum 2, Str. D/3—E/1:
Schaf: Petrosum; Metatarsus, Proximalteil.
Schaf/Ziege: 2 Oberkieferzähne, 3 Unterkieferbackzähne; Humerusschaft'; Becken'; Tibiaschaft'; Phalanx 1, Distalteil; Phalanx 2, Epiphysenfuge offen;

vielfach zerbröckelt. Wahrscheinlich zusammen mit den beiden Schafknochen ein Individuum.

M—N/11, Profilsteg, in einem Tongefäß (vgl. Fz 1 : 20, Nr. 290/26), Str. D/2—3:
Schwein: Unterkiefer', Pd_4 beginnt zu reiben, M_1 noch nicht durchgebrochen.

M—N/11, Profilsteg, aus einer Mauer eines Gebäudes von Str. E/3:
Rind: Unterkiefer'; Becken' ♀ oder ♂; Femur'; alle 3 bröckelig, adult.

M—N/12, Profilsteg Mitte, Str. E/1—D/3:
Rind: Unterkiefer in Teilen, M_2 in Reibung, M_3 noch nicht durchgebrochen.
Schaf/Ziege: M^3, geringgradig abgekaut.

N/10, Planum 1, im NO-Eck des Raumes, Str. D/2:
Muschel: Tridacna squamosa LAMARCK. Fragment aus dem Hinterrand der rechten Klappe eines kleineren Stückes von ca. 180 mm Länge.
Schnecke: Pila ovata (OLIVIER). Fragment des letzten Umgangs. Mündungsbreite ca. 33 mm (andere Maße nicht möglich).

N/10, Planum 2/3, 1,90 m/O, 4,20 m/N, 1,20 m/T, unter einer Mauer (zur Opfergrube Fz 1 : 10, Nr. 268 gehörend?), Str. D/3—E/1:
Rind: Radius, Proximalende in Teilen.

N/10, Planum 2/3, 1,90/W, 4,30 m/N, 1,45 m/T und 1,20 m/W, 4 m/S, 1,70 m/T, Str. c = D/3—E/1:
Rind: Lendenwirbelkörper; Rippe'; Radius, Proximalteil; Metacarpus', distal; 2 Phalangen 1, 3 Phalangen 2, 2 Phalangen 3. — MIZ 1 adultes Tier.
Schaf: Metatarsus ohne das distale Ende.

N/10, Planum 2, 1,50 m/O, 1,30 m/N, 1,70 m/T und 0,80 m/N, 2,30 m/O, 1 m/T, Str. D/3—E/1:
Nilpferd: Rippe in Teilen.
Fisch: Vielleicht Fragment des Schädeldaches von *Bagrus docmao*?

N/10, Planum 2/3, 0,80 m/N, 3,80 m/O, 1,60 m/T, aus einer Mauer im N-Profil, Str. E/1—3:
Rind: Tibia, Distalteil, adult, oberflächlich geschwärzt.

N/10, Planum 3/4, Str. f, unter Mauer von Str. e = F oder G:
Rind: Metacarpus, Distalhälfte, adult.

N/10, Grab 3, Planum 3, Str. c = D/3—E/1: unter dem Menschenskelett.
Schaf/Ziege: Tibia, Distalteil, Epiphysenfuge offen.

N/10, Grab 4, Planum 3, Str. d = E/1—2:
Schaf: zerbröckeltes Skelett eines Lammes.

N/10, Grab 7, Planum 3, Str. E/1:
Rind: Ci mit Schnittspuren auf der Dorsalseite und abgeschlagenem Volarteil.
Schaf: Metacarpus, proximale zwei Drittel.
Ziege: ganzer Radius, distale Epiphyse abgefallen.

N/11, Planum 1/2, 3,50 m/N, 0,50 m/O, in Raubgrubenfüllung zu Grab 5. Str. D/2—3 oder E/1.
Rind: Talus'.

N/11, Grab 1, Pithos, Str. D/2:
Rind: Hirnschädel'; Halswirbel'; Rippe'; Tibia, Proximalende in Teilen, Epiphysenfuge offen; Ct.
Schaf/Ziege: Humerus, Distalende'; Talus', beide adult.
Fisch: Nilbarsch, *Lates niloticus*: Stachel der Rückenflosse.

N/11, Grab 3, Str. E/1:
Schaf: Hornzapfen ♀; Radius, lose distale Epiphyse; Phalangen 1—3, Epiphysenfugen verwachsen.
Schaf/Ziege: M^1—M^3, M^3 im Durchbruch; M_2 und M_3, geringgradig abgerieben; 2 Brustwirbel'; Rippe; Metatarsus'.

N/11, Grab 3, Raubgrube, Str. E/1 oder später:
Rind: 2 Brustwirbel'; Rippe'; Femurkörper, Totgeburt.
Schaf: Talus.
Ziege: Scapula, Tuber verwachsen.
Schaf/Ziege: Rippe'.
Unbestimmt: Mittelgroßer Röhrenknochen'.

N/11, Grab 3, SO-Eck, 3,25 m—3,30 m unter Kante der Kammer, Str. E/1:
Rind: Oberkiefer, M_2 und M_3 geringgradig abgerieben.

N/11, Grab 5, NO-Eck (vgl. Fz 1 : 20, Nr. 291/9—11), Str. E/1:
Esel: M^1, geringgradig abgerieben.
Rind: Rippe', verkohlt.

N/11, 1,35 m/O, 1,40 m/N, bei Grab 5, aus weißbemaltem Gefäß, Str. E/1:
Schaf: Scapula, Tuber verwachsen.

N/11, bei Grab 5, Planum 3/4, 2,10 m/O, 1,40 m/N, 1,90 m/T (N-Profil), Str. E/1—2:
Rind: 2 Calcanei, einmal Tuber offen, einmal Tuber verwachsen.

N/11, Planum 3, aus Gebäudeeck im Westen des Schnittes, Str. E/2—3:
Rind: Metacarpus ohne das distale Ende, adult.

N/11, Planum 3, 5 m/O, 2 m/S, aus Brandschicht in Rundhürde, Str. e = G:
Rind: I.
Schaf ♀: Hornzapfen, verkohlt.
Schaf/Ziege: M_3, frisch durchgebrochen.

N/11, Planum 4, aus Vorratsgefäß (= Pithos) in der Arbeiterstiege, Str. E/3—G/1:
Schaf: Scapula, Distalende abgebrochen.

N/11, SW-Eck des Planums 4, Str. G:
Esel: ganzer Metacarpus (s. u. S. 21 und Abb. 1).
Rind: Mindestens 33 Knochenteile aus allen Regionen des Skeletts. — MIZ 2, ein Jungtier und ein adultes Rind.

Schaf: Scapula'; Radius, Proximalteil, Epiphysenfuge verwachsen; 2 Phalangen 1, adult. — MIZ 1 adultes Tier.

Ziege: Scapula'.

Schaf/Ziege: Oberkiefer'; Unterkiefer'; 2 Halswirbel'; 2 Rippen'; Humerus'; Metacarpusschaft'; Becken'; Femur, Proximalteil, Epiphysenfuge geschlossen; Metatarsusschaft'. Keine zusätzlichen Individuen.

Schwein: Hirnschädel'; Oberkiefer ♂, adult; 2 Scapula'; Humerus, Distalteil, im Verwachsen. — MIZ 2, ein adultes ♂ und ein juveniles Tier.

Fisch: Nilbarsch, *Lates niloticus*: Stachel der Rückenflosse.

Unbestimmt: Einige Splitter und ein mittelgroßes distales Femurende.

Die Funde sind zerbröckelt und bröselig.

N/11, SW-Eck des Planums 5, im Rundhürdenbau (vgl. Fz 1 : 50 und 1 : 20, Nr. 281), Str. f = H:

Rind: 30 Knochenteile aus allen Regionen des Skeletts. MIZ 2, ein Jungtier und ein adultes Rind.

Ziege: 2 Scapulae, sin.

Schaf/Ziege: Oberkiefer', M hochgradig abgerieben; 2 Unterkiefer'; Radiusschaft'; 2 Becken in Teilen.

Schwein: Oberkiefer' ♀; Unterkiefer' ♀; beide adult; Scapula'; Humerusschaft'.

Hund: Humerus, Distalteil, adult (s. u. S. 34).

N/12, 1,20 m/S, 1,30 m/W, 6,35 m/NN, in unmittelbarer Nähe des kelchförmigen Gefäßes Nr. 1433. Entweder aus Abfallgrube, Str. ab = D/2—3 oder Str. E/1—2:

Schaf: Brustwirbel in Splittern, Beckenhälfte und Metatarsus von einem Lamm.

N/12, N-Profilriegel, Planum 2, aus dem westlichen der beiden Vorratsgefäße (vgl. Fz 1 : 50, Nr. 294 und 1 : 20, Nr. 303), Str. b = D/3:

Rind: Unterkiefer'; I; Lendenwirbel'; Radius'. MIZ 1 adultes Tier.

Schaf/Ziege: Halswirbel, ohne Wirbelscheiben.

Schwein ♂: C inferior'.

Hund: Epistropheus' (s. u. S. 34).

N/12, Planum 3/4, aus Scherbenhaufen im NO-Eck (vgl. Fz 1 : 50 und 1 : 10, Nr. 295), Str. E/1:

Rind: Hirnschädel'; Gesichtsschädel in Teilen, M^2 im Durchbruch; Tibia, Distalende, Epiphysenfuge geschlossen; Malleolare'. — MIZ 2.

N/12, Planum 3, Grab 1, Str. D/3 oder E/1:

Schaf/Ziege: Talus mit Mäusefraßspuren.

Unbestimmt: zerquetschter Vogel(?)knochen.

N/12, Grab 7, aus dem WSW-Ende der Grabkammer (vgl. Fz 1 : 10, Nr. 301), Str. E/2—3:

Rind: Metacarpus, Proximalteil, versintert, großes Rind; Patella, kleines Rind.

N/12, Grab 7, außerhalb der Grabkammer in der Grube (vgl. Fz 1 : 10, Nr. 301), Str. E/2—3:

Schaf: Skelett eines ca. ¼jährigen Lammes.

N/12, bei einer Keramikansammlung im SW-Eck des Planquadrates, Str. G:

Schaf: Scapula', Humerus, Distalende, Epiphysenfuge verwachsen.

N/12, unter Arbeiterstiege, Str. G:

Schaf: Hirnschädelbruchstück mit kleinem Hornzapfen, ♀; Atlas'; Scapula. — MIZ 1, adult?

Schwein: Nasale; Zygomaticum'; Unterkiefer, M_3 geringgradig abgerieben.

N/12, Grab 4, an der westlichen Sarkophagwand, 15 cm unter Deckeloberkante, Str. G:

Rind: Radius, Distalende, adult, und die dazugehörigen Ci, Cu und C 4.

N/12, 4,50 m/S, 0,80 m/O, 4,60 m/NN, in Sandziegelmauer am Ostprofil unter Scherben (vgl. Fz 1 : 20, Nr. 302/27), Str. G:

Rind: Brustwirbel'; Kreuzbein'; Femur, Distalteil, adult. — MIZ 1.

N/13, Planum 2, Gewölbebau im Raum 4 = Grab 1 (vgl. Fz 1 : 50, Nr. 307, Detail 1 : 20/Nr. 3), Str. D/2:

Rind: zerbröselter Humerus, Distalteil, Epiphysenfugen verwachsen.

N/13, Planum 2, bei Opferdepot, in Raum 3 (vgl. Fz 1 : 50 und 1 : 10, Nr. 307), Str. D/2:

Fisch: 3 unbestimmte kleine Knochensplitter.

N/13, Grab 1, unter dem Teller im SO-Eck (vgl. Fz 1 : 10, Nr. 307/2), Str. D/2:

Schaf: Phalanx 3.

Schaf/Ziege: Rippe'.

Uferschnepfe: zerbröckeltes Skelett (s. u. S. 35).

N/13, Planum 3/4, aus den nordwestlichen Hürdenbauten, Str. c = E/1—F:

Rind: Oberkiefer' von einem Kalb.

N/13, Grab 7, Pithos, Str. E/1—3:

Schaf: Talus.

N/13, Grab 8, aus der Grabkammer, Str. E/3:

Schaf: Beckenhälfte ♀; Metatarsus'.

Schwein: Oberkiefer', M^2 noch nicht durchgebrochen; I inferior; Metacarpus IV, Proximalteil.

Fisch: wahrscheinlich Nilbarsch, *Lates niloticus*: Cleithrum sin.

N/13, Grab 8, aus der Grube des Grabes, Str. E/3:

Esel: Oberkiefer', adult; 2 Brustwirbel', 2 Lendenwirbel'; Wirbelscheibenfugen teils offen, teils verwachsen (s. S. 21).

Rind: Femur'.

N/13, Grab 10, oberhalb des Beckens bzw. unterhalb des Femurs (Zahn) der menschlichen Bestattung, Str. E/3:

Rind: Hirnschädel'; Phalanx 2 und 3, adult.

Schaf/Ziege: M infer.

N/13, N-Profil, Str. e = E:
Unbestimmtes Großtier: 10 Splitter.

N/13, O-Profil, Str. e/1 = E/1—2:
Rind: Unterkiefer zersplittert, M geringgradig abgerieben.

N/13, Planum 6 (vgl. Fz 1:50 und 1:10, Nr. 311), Str. f = G:
Esel: Humerus, Distalteil, und Radius, Proximalteil, zusammengehörig, adult.
Rind: 3 Hirnschädel'; Hornzapfen; Unterkiefer in Splittern; 4 Rippen'; 2 Lendenwirbel'; 3 Scapula'; Humerus, Distalteil, Epiphysenfugen verwachsen; Becken'; Femur in Splittern; Femur' von einem Kalb; Femur, Proximalteil, adult; Femur, Distalteil, adult; Tibiaschaft'; Metatarsus, Proximalteil. — MIZ 3, ein Kalb, 2 adulte Tiere.
Schaf: Hirnschädel' mit Hornzapfen; ganzer Radius und Ulna, Proximalteil; Ulna, Proximalteil, Tuber lose; Beckenhälfte ♂. — MIZ 3, 1 juveniles, 2 adulte Tiere.
Ziege ♂: Hornzapfen (Abb. 8).
Schaf/Ziege: Oberkiefer'; Unterkiefer, M_3 mittelgradig abgerieben; 2 Unterkieferhälften in Teilen; Atlas in Splittern; Brustwirbel'; Lendenwirbel'; 2 Rippen'; Radiusschaft'; Ulna'; Metacarpusschaft'. — Kein zusätzliches Individuum.
Schwein: Hirnschädel mit Narben auf dem Parietale (s. S. 33 und Abb. 11); Scapula, Tuber verwachsen.
Kaphase: Becken' (s. u. S. 34).
Flamingo: Coracoid' (s. u. S. 34).
Fisch: Welsart, wahrscheinlich *Clarias anguillaris*: Fragment des Schädelpanzers; Cleithrum.
Tilapia spec.: Cleithrum sin.

N/13—14, Profilsteg (vgl. Fz 1:50, 1:10, Nr. 309), Str. e = E/1—2:
Rind: Hirnschädel'; zersplitterter Brustwirbel; Lendenwirbel'; Rippe in Teilen; 2 zersplitterte Scapulae'; Metacarpusschaft'; Femur, Distalteil, Epiphysenfuge offen; Tibiaschaft' und lose distale Epiphyse; Centrotarsale, Metatarsus, Proximalteil; Phalanx 1, adult. — MIZ 3, 1 juvenil, 2 adult.
Schaf: Humerus, Distalteil, Epiphysenfugen geschlossen.
Schaf/Ziege: 3 Rippen'; Humerus, Distalteil, Epiphysenfugen offen.

N/14, Planum 2, zwischen 2 Mauern von Str. E/2 und E/3, 5,40 m/NN, Str. d = E/2 (vgl. Abb. 31):
Rind: Hirnschädel'; Brustwirbel'; Scapula', adult; Metacarpus'; Femur, Distalteil, adult; 2 Metatarsen, Proximalteile, dext. und sin., zusammengehörig, adult. MIZ 1 adultes, starkes Rind.
Schaf: Metacarpus, Distalteil, adult.
Mit Ausnahme des distalen Femurendes und des Schafmetacarpus sind alle Knochen verkohlt.

N/14, Planum 2, aus Hürdenraum, der aus W-Profil ragt, Str. d = E/2:
Rind: Humerus, Distalteil, Epiphysenfuge verwachsen, verkohlt.

N/15, Planum 1/2, 0,75 m/W, 3,30 m/S, 0,70 m/T, Str. b oder d = E/2—3:
Rind: Radius, Distalteil, adult.

N/15, Planum 2, 1,80 m/S, 3,30 m/O, 0,80 m/T, in einer Mauerkrone, Str. b oder c = E/3:
Rind: Scapula'; Metacarpus'. — MIZ 1.

N/16, Planum 2, innerhalb der Mauer, 1,60 m/N, 2,15 m/W, Str. c = E/3—F:
Rind: Brustwirbel in Splittern.
Ziege ♂: Hornzapfen in Splittern.
Flamingo: Tibiotarsus' (s. u. S. 34f.).

N/16, Grab 2, Planum 2/3, aus der Grabkammer, auf dem Grund von Planum 3, 1,10 m/N, 1,90 m/O, 1,40 m/T, Str. G—H:
Schafe ♂: Hornzapfen mit Sandauflagerungen (Abb. 10).

O/12, Planum 2, Str. b = D/2:
Rind: Femur'.

O/12, Planum 2, 2,40 m/S; 3,60 m/O, aus einem Pithos (vgl. Fz 1:50, 1:10, Nr. 346), Str. b = D/2:
Rind: Phalanx 1 in Teilen.

O/12, Planum 2, aus einem Vorratsgefäß (vgl. Fz Nr. 346), Str. c = D/2:
Rind: Rippe in Splittern.

O/12, Planum 2/3, 0,65 m/O = im Ostprofil, 3,70 m/N, 1,10 m/T, Str. d = D/3:
Rind: Humerus', distale Epiphysenfugen offen.

O/12, Planum 3, 3 m/O, 4,20 m/S, 1,30 m/T, Str. e = E/1, vielleicht noch d = D/3:
Rind: 2 Metatarsusschaft'.

O/12, 4 m/N, 1,60 m/W, 0,70—0,80 m/T, unter einer Mauer von Str. b oder c = D/2—3:
Rind: Metacarpus, Distalende, zersplittert, adult.
Bläßhuhn: Humerus, Proximalteil (s. S. 35).

O/12, Planum 2/3, 0,95 m/N, 1,80 m/O, 1,20 m/T, N-Profil, Str. d = D/3:
Rind: Unterkiefer', verkohlt.

O/12, Planum 2/3, 4 m/S, 3,75/O, 0,20 m/S, Pl. 2, aus einem Pithos, Str. c = D/3:
Rind: Radius'.
Schwein: Pd sup.'.
Unbestimmt: 15 kleine Splitter.

O/12, Grab 2, Planum 3, aus S-Profil, Str. c = D/3:
Schaf: Metatarsusschaft'.

O/12, Grab 4, Planum 3, 1,40 m/S, 4,65 m/O, 1,85 m/T, Str. c = D/3:
Rind: Scapula'.
Afrikanische *Weichschildkröte*: *Trionyx triunguis*: Kantenfragment eines Costale.

O/12, Grab 5, Planum 3, Str. c—d = D/3—E/1:
  Ente: Humerus; Ulna; Tibiotarsus' (s. S. 35).
O/12, Grab 8, Str. E/2:
  Schaf: zerbröckeltes Skelett eines ca. 1½jährigen Tieres.
O/13, Planum 2, 2,20 m/W, 1,80 m/N, 1,50 m/T, aus Fundamentbasis von Mauer Str. a = D/1:
  Rind: Metacarpus, Rollenfragment.
O/13, Planum 3, 1,80 m/W, 3 m/N, 1,40 m/T, Str. c = D/3:
  Rind: 5 zusammengehörige Oberkieferzähne, mittelgradig abgerieben; Brustwirbel'.
O/13, Grab 1, auf der Grabsohle unter Bestattung 2, Str. E/3—F:

Rind: 2 Becken', Darmbeinschaufel abgeschlagen, Hackspuren.
O/15, Planum O/1, 0,70 m/O, 4,10 m/S, 0,30 m/T, Str. E/3—F:
  Flußmuschel = Aspatharia (Spathopses) rubens (LAMARCK): 2 linke Klappen, 1 rechte Klappe. — MIZ 3.
O/15, Planum 1/2, 1,20 m/N, 3 m/W, 0,90 m/T, Str. E/3—F:
  Rind: Tibiaschaft'.
A/II Provenienz unbekannt, wahrscheinlich Zweite Zwischenzeit:
  Schaf: unvollständiges Skelett eines ca. 1½jährigen Tieres.

3. Grabungsplatz A/III (Suchgraben)

Aus dem Grabungsbereich A/III liegen, entsprechend seiner geringen Ausdehnung (11×2 m), nur wenige Tierknochen vor.

Planum 2, Westprofil, Str. c = D/2—3 (?):
  Rind: Proximalteil eines adulten Femurs.

Schaf/Ziege: Schaftsplitter eines Metatarsus.
Unbestimmt: 3 kleine Splitter.
Planum 3, aus der flachen Schüssel (Inv. Nr. 839) im Nordteil des Quadranten, vermutlich Außenbeigabe eines Grabes (vgl. Fz 1 : 10, Nr. 375), Str. E:
  Schaf/Ziege: Schaftstück eines Radius.

C. Wertung des Bestimmungsergebnisses

Die differenzierte Funddokumentation im vorangegangenen Kapitel läßt die Bedeutung der Arten im Brauchtum für die Toten erkennen. In fleischwirtschaftlicher Hinsicht sind wohl auch Schlüsse auf das tägliche Leben herauszulesen.

Außer mitbestatteten Eseln (s. u. S. 21f.) liegen mehrfach Skelettreste vor, die auf vollständig mitbestattete Körper von jungen Schafen schließen lassen (N/10, Grab 4; N/12, Grab 7 und wohl noch andere). Vom Rind gibt es einen derartigen Beleg (L/14, Grab 7) sowie mehrere Knochenanhäufungen, die Zusammengehörigkeiten einzelner Knochen erkennen lassen (L/12, Grab 5; vgl. auch K/14, D/3). Die in situ angefertigten Feldzeichnungen zeigen jedoch bisher ausnahmslos, daß die Hinterlegung der Tierkörper, mit Ausnahme der Equiden, in zerlegtem Zustand vorgenommen wurde. Bei Rindern ist es am deutlichsten bei Grab L/12 — Nr. 5 (Str. F) zu erkennen, wo Kopf, Rippenstücke und Extremitäten, jeweils im Teilverband in einer Anhäufung vor dem Eingang in die Grabkammer beigesetzt wurden (vgl. Abb. 26 und Feldzeichnung 1 : 20, Nr. 95). In M/12 — Grab 9 wurde für die Aufnahme von Rinderteilen an die Grabkammer eine kleine Seitenkammer angebaut, deren Ausmaße (ca. 1×0,50 m, vgl. Abb. 16) und schmale Öffnung die Aufnahme eines ganzen Rinderkörpers nicht erlaubt hätte. In dem Inneren fand man Extremitätenknochen, einen Teil einer Wirbelsäule im Verband sowie einen Unterkiefer. Der Befund läßt unbedingt auf eine Hinterlegung in zerlegtem Zustand schließen (vgl. Fz Nr. 210, 1 : 10). Auch Schafsrelikte wurden derart in Teilverbänden gefunden. In Gräbern waren meist Kopf, Rippenstücke, Teile der Wirbelsäule auf großen Tontellern hinterlegt, angetroffen worden (vgl. Abb. 25 und Fz Nr. 85, 1 : 20, 107, 1 : 20 u. v. a.).

Während Esel den Transport sicherstellen sollten, waren die Schafe und Rinder zumindest als Versorgung mit Fleischnahrung gedacht, wenn nicht darüber hinaus — ebenso wie mit Hilfe der Wandbilder des Alten und des Mittleren Reichs — die ganze bäuerliche Wirtschaftsbasis gewährleistet sein sollte.

Den Vorrang unter den Fleischbeigaben hatte Rindfleisch. Nach der Fundzahl der Knochen könnte man zwar auch die kleinen Wiederkäuer — unter denen das Schaf die Ziege im Mengenanteil bei weitem übertraf — an die erste Stelle setzen, aber bei Berücksichtigung der Tier-

und Portionsgröße fallen sie in der Fleischmenge weit zurück. In bezug auf die wirtschaftliche Bedeutung des Rindes entspricht dieser Befund dem Bild, das die Wandbilder widerspiegeln, nämlich daß das Rind das bei weitem wichtigste Haustier Altägyptens war (z. B. BOESSNECK, 1953, 12f.). Bei dem Schaf würde man auf Grund der Wandbilder dagegen nicht den hohen Anteil ablesen, den die hyksoszeitlichen Funde vom Tell el-Dab'a vermitteln. Die Wandbilder erwecken den Eindruck einer größeren Bedeutung des „Wildes der Wüste" und des Geflügels in der Totenversorgung (BOESSNECK, 1953, 27ff., 33ff.). Aus dieser Beobachtung die Folgerung zu ziehen, die Hyksosbevölkerung des Ostdeltas hielt mehr Schafe, als es anderswo bei der Landbevölkerung Altägyptens üblich war, ist jedoch nicht unbedingt schlüssig, denn es ist durchaus fraglich, ob die Wandbildszenen quantitativ gewertet werden dürfen[1]. Die Mastabas spiegeln das Leben aus der Sicht einer Feudalgruppe wider und sind damit in den dargestellten Ansprüchen nicht von vornherein repräsentativ für die gesamte ländliche Bevölkerung. Möglicherweise begnügte sich die einfache Bevölkerung neben dem Rindfleisch weitgehend mit dem der kleinen Wiederkäuer, während sie das schmackhafte Wild den Herren abzuliefern hatte. Mit der Verdrängung des Wildes aus den besiedelten Landstrichen konnte vielleicht schon bald nur noch viel seltener eine Antilope oder Gazelle erbeutet werden, als es nach den Ablieferungsszenen der Fall zu sein scheint, ganz so aber, wie es die hyksoszeitlichen Funde zum Ausdruck bringen.

Gegenüber Rind und Schaf hatten Ziege und Schwein nur eine zweitrangige Bedeutung in der Fleischversorgung. Wahrscheinlich war der Anteil der Fischkost weitaus größer, als es die Funde erkennen lassen. Tell el-Dab'a lag in unmittelbarer Nachbarschaft zu ausgedehnten Gewässern. Dagegen müßten sich mehr der festen Vogelknochen erhalten haben, wenn das Geflügel einen größeren Anteil in den Speisebeigaben und in der täglichen Ernährung der Bewohner des Tells ausgemacht hätte. Einige der Vogelknochen scheinen gar nicht von als Opfer oder Speise genutzten Tieren zu sein, sondern zufällige Einmischungen, so wie auch die Hundeknochen

---

[1] Das gilt entsprechend in bezug auf eine detailliert klimatische Auswertung, wie sie BUTZER (1959) vornahm.

und das Rattenbecken nichts mit den Speiseresten zu tun haben. Die Flußmuscheln (s. o. S. 18), der Rest eines Schneckengehäuses (s. o. S. 15) und die vom Roten Meer her zugeführte Tridacnaschale sind auch keine Speiseabfälle. Was es mit den Nilpferdknochen auf sich hat, bleibt ungewiß.

Wenn auch, wie gesagt, im einzelnen oft fraglich bleibt, ob es sich um Reste einer Fleischbeigabe zu einem Begräbnis handelt und wie die Fleischbeigabe ausgesehen hat, läßt sich doch zusammenfassend aussagen: Neben der Mitgabe ganzer Jungrinder und Jungschafe in zerlegtem Zustand sind vor allem Rind- und Schaffleischbeigaben beigelegt worden, gelegentlich Ziegen- und Schweinefleisch, ein Stück von einer Gazelle, eine Fischmahlzeit und vielleicht auch ein Stück Geflügel.

D. Besprechung der nachgewiesenen Arten im einzelnen

1. Hausesel, Equus asinus

Infolge der ungünstigen Erhaltungsbedingungen konnten von den bestatteten Equiden nur spärliche Reste der Skelette geborgen und erhalten werden.

Von dem Equiden„paar" aus Grab L/12,2, Str. E/1 (BIETAK, 1968 a, Abb. 5, 1968 b, 95, sowie Fig. 4 und 6 und Taf. XXVII b) steht nichts mehr zur Verfügung. Somit können auch keine Aussagen über die Artzugehörigkeit dieser Tiere gemacht werden. Die aus der Feldzeichnung Nr. 95 (1 : 20) sich ergebende Widerristhöhe von ca. 1,10 m würde eher für Esel sprechen (vgl. Abb. 19).

H. SATZINGERS Bemühungen verdanken wir jedoch Gipsabgüsse von Schädeln und anderen Skeletteilen von Equiden aus Grab L/12 — Nr. 5, Str. F (vgl. Abb. 20—23 und BIETAK, 1968 a, Abb. 7). Außerdem liegen Zähne, Kieferteile und Extremitätenknochen dieser Gruppe vor. Diese Gruppe von fünf Equiden wurde in zwei aufeinanderfolgenden Kampagnen jeweils so weit freigelegt, als es der Grundwasserspiegel erlaubte (BIETAK, 1968 a, 21 und BIETAK, 1968 b, 90). Ein Skelett lag vor dem Eingang in die Grabkammer, die anderen vier waren je paarweise, fast symmetrisch, rechtsseitig und linksseitig im verbleibenden Rest der Grube, südöstlich der Kammer, ausgebreitet worden (BIETAK, 1968 b, Fig. 3 und Taf. XXVII a). Die mir zur Verfügung stehenden Reste sind von drei Tieren (Tab. 2, jeweils mit ^{1}, ^{2} und ^{3} gekennzeichnet). Die anderen beiden Equiden lagen nach Mitteilung von M. BIETAK schon halb im Grundwasser und konnten nicht mehr geborgen werden. Der Schädel des Equiden 4 mußte beim Anlegen eines Gipsmantels um den Schädel des Equiden 3 geopfert werden. Die Konsistenz der Knochen war zur Zeit der Freilegung und Bergung eine mehr oder minder breiige Masse innerhalb eines schlammigen Erdreichs.

Die Reste der drei vorliegenden Equiden lassen erkennen, daß zwei jungadult und einer wohl noch nicht voll erwachsen war. Wie die einzelnen Knochen zusammengehören, ist nicht in allen Fällen klar. Vor allem weiß ich nicht, ob und welche Knochen zu den Gipsabgüssen gehören.

Die beiden Skelette des Grabes M/12, 9, Str. E/2 (vgl. Abb. 16, 17, 24 und BIETAK, 1970 a, 27f., Abb. 3 und Taf. XIV a) konnten teils erhalten werden, indem größere Teile in Gipsmäntel gefaßt geborgen und den

Knochen ein Härtungsmittel injiziert wurde (SATZINGER, 1969). Beide Esel waren Jungtiere, nach der Altersbestimmung beim Pferd geurteilt etwa 2½—3jährig. Die dritten Molaren waren noch nicht gewechselt, die Milchpraemolaren standen kurz vor dem Wechsel, I_1 hatte erst frisch zu reiben begonnen. Die Tibiae wiesen distal geschlossene, proximal offene Epiphysenfugen auf. Das Tuber calcanei war angewachsen. An den vermessenen Knochen (Tab. 2) waren die Epiphysen verwachsen. Ein Beckenfund läßt eines der Tiere als Stute ansprechen.

Reste einer Eselbestattung könnten wohl auch ein Oberkieferrest mit 6 I und einem stärker abgeriebenen P^2 sowie je 2 Brust- und Lendenwirbel aus der Grube des Grabes N/13, 8, Str. E/3 sein. An dem P^2 messen Länge und Breite 31 und 20,5 mm.

Den bedeutendsten Einzelfund bildet ein ganz erhaltener Metacarpus (Tab. 2 h, Abb. 1), der zusammen mit zahlreichen Knochen der gewöhnlichen Wirtschaftstiere (s. S. 15) in der SW-Ecke von N/11, Str. G gefunden wurde.

Wie ich bereits in einer kurzen Stellungnahme festlegte (BOESSNECK, 1970), beruht die Bestimmung all dieser Equidenknochen und -skelette als Reste von Hauseseln zunächst auf ihrer geringen Größe, zum anderen auf ihrer Wuchsform. Auch die Zahnzeichnung spricht für diese Diagnose (Abb. 14, 15).

Das von BIETAK (1968 b, 90) zum Vergleich herangezogene Pferd aus dem Grab des Sen-Mut war bisher in seiner Größe falsch eingeschätzt worden (vgl. BOESSNECK, 1970 a). Es war erheblich größer als die Equiden von Tell el-Dab'a. Ohne selbst die Widerristhöhe dieser Esel genauer angeben zu können, läßt sich auch aussagen, daß die „in situ" eingemessene Rückenhöhe von 1,20 bis 1,25 m (BIETAK, 1968 b, 90) als Schätzzahl für die Widerristhöhe (Stockmaß) nicht in Betracht kommt. Diese lag weit niedriger.

Auch unabhängig von dem in der Größe unterschätzten Pferd des Sen-Mut wird neuerdings wiederholt auf die Haltung von Kleinpferden oder Ponys im alten Orient bis nach Ägypten geschlossen, und zwar auf Grund von bildlichen Darstellungen (z. B. BRENTJES, 1968, LITTAUER, 1971). Gesetzt den Fall, diese Vermutungen bestehen zu Recht, und diese Pferde waren auch noch

D. Besprechung der nachgewiesenen Arten im einzelnen

Tabelle 1. Vergleich von Knochenlängen und Indizes zwischen dem Syrischen Onager, Equus onager hemippus, und den Equiden vom Tell el-Dab'a

	Hemippus				Tell el-Dab'a		
	Wien ♀ 2555	Wien ♀ Da 1308	Paris ♀ Ducos 1968, S. 29, 1970, Tab. 7	London 705 B	L/12,5, F	M/12,9, E/2	N/11, G
Radius							
Größte Länge (GL)	264	247		258,5		(245)	
Mc–GL in % von Radius–GL	75,8	77,7	(76)	Boston ♂		69,5	
Metacarpus (Mc)							
Größte Länge (GL)	200	192	191	193	(175)	(170)	179,5
Kleinste Breite der Diaphyse (KD)	22	22	21,4	21,2			23,5
KD × 100 : GL	11,0	11,5	11,2	11			13,1
Metatarsus							
Größte Länge	234	225		225		(200)	
Kleinste Breite der Diaphyse	22,5	21		21		23	
KD × 100 : GL	9,6	9,3		9,3		(11,5)	
Phalanx 1 anterior							
Größte Länge	70	70,5		70	68,5	(65)	
Kleinste Breite der Diaphyse	22,5	22		20,7	(23)	(21,5)	
KD × 100 : GL	32,2	31,2		29,6	(33,6)	(33,1)	
Phalanx 1 posterior							
Größte Länge	66	66		66	60	61,5	(65)
Kleinste Breite der Diaphyse	22,3	22,3		20,3	20	21,5	(21)
KD × 100 : GL	33,8	33,8		32,5	33,3	35,0	(32,3)
Phalanx 2 posterior							
Größte Länge	38,5	36,5		36		32	(33)
Kleinste Breite der Diaphyse	32	32		28,6		28,5	28
KD × 100 : GL	83,2	87,7		79,5		89,1	(84,9)

Tabelle 2. Maße von Eselknochen

a) Schädel, Gipsabguß[1], Grab L/12, Nr. 5, Str. F

Länge der Backzahnreihe des Oberkiefers (Alveolen)	148
Länge der Backzahnreihe des Oberkiefers (Kaufläche)	142
Länge der Backzahnreihe des Unterkiefers (Alveolen)	(148)
Länge vom Hinterrand des Unterkiefers zur Kaufläche von J_1	(310)

b) Oberkiefer (Kauflächenmaße), Grab L/12, Nr. 5, Str. F

dexter/sinister	dext.[1]	sin.[1]	dext.[2]	sin.[2]
Länge der Praemolarreihe	—	84,5	—	—
Länge der Molarreihe	—	63	—	—
Länge/Breite von P^2	32/22,5	32/23	34/22,5	33,5/23
Länge/Breite von P^3	27/25	27,5/25,5	26,5/25,5	26,5/25
Länge/Breite von P^4	26,5/25	26,5/25	25,5/25,5	25,5/25,5
Länge/Breite von M^1	22,5/23,5	22,5/23	23/25	23/25
Länge/Breite von M^2		21,5/22	23/24,5	22,5/24
Länge/Breite von M^3		21/19	21,5/20,5	22/20,5

[1] Zusammengehörig.
[2] Zusammengehörig.

Tabelle 2 (Fortsetzung)

c) Unterkiefer, Grab L/12, Nr. 5, Str. F

dexter/sinister	dext.[1]	sin.[1]
Länge der Backzahnreihe (Alveolen)	151	152
Länge der Backzahnreihe (Kaufläche)	148	148,5
Länge der Praemolarreihe (Alveolen)	79	79
Länge der Praemolarreihe (Kaufläche)	78	77,5
Länge der Molarreihe (Alveolen)	73,5	73,5
Länge der Molarreihe (Kaufläche)	71	71,5

d) Unterkieferbackzähne (Kauflächenmaße), Grab L/12, Nr. 5, Str. F

dexter/sinister	dext.[2]	sin.[2]
Länge/Breite von P_2	27,5/13,5	27/13
Länge/Breite von P_3	26/15,5	—/15,5
Länge/Breite von P_4	24,5/14	—/13,5
Länge/Breite von M_1	23/12,5	23/13
Länge/Breite von M_2	22,5/12	24/11,5

e) Scapula, Gipsabguß[1], Grab L/12, Nr. 5, Str. F

Diagonale vom Distalpunkt der Scapula zum Angulus thoracicus	(255)
Länge längs der Spina	(252)

f) Humerus, N/13, Planum 6, Str. G

Breite der Trochlea	51

g) Radius

Fundstelle, Datierung	Grab L/12, Nr. 5, Str. F		Grab M/12, Nr. 9, Str. E/2	?, E—F
Größte Länge	—		(245)[3]	—
Größte Breite proximal	—		—	58
Größte Breite distal	54[2]	(54)[2]	—	—
Breite der distalen Gelenkfläche	—	44	—	—

h) Metacarpus

Fundstelle, Datierung	Grab L/12, Nr. 5, Str. F			Grab M/12, Nr. 9, Str. E/2	N/11, Str. G (Abb. 1)
dexter/sinister	sin.	dext.[2]	sin.	dext.[3]	sin.
Größte Länge	Gips[1]	(175)	—	(170)	179,5
Länge lateral	—	(170)	—	—	174
Länge medial	(172)	(169)	—	—	(174)
Größte Breite proximal	—	—	36,5	(32)	(40,3)
Kleinste Breite der Diaphyse	—	—	—	—	23,5
Größte Breite distal	—	33,5	—	—	34

i) Femur, L/15, Str. H

Größte Breite distal	(65)

k) Tibia, distale Epiphysenfuge im Verwachsen, Grab L/12, Nr. 5, Str. F

Größte Breite distal	47[4]
Größte Tiefe distal	(37)

---

[1] Zusammengehörig.

[2] Zusammengehörig.

[3] Zusammengehörig.

[4] Zusammengehörig.

Tabelle 2 (Fortsetzung)

l) *Metatarsus*

Grab, Datierung	L/12, Nr. 5, Str. F				M/12, Nr. 9, Str. E/2
dexter/sinister	sin.	dext.	sin.[2]	dext.[3]	dext.[4]
Größte Länge	Gips[1]	—	—	—	(200)
Länge lateral	—	(202)	—	—	196
Länge medial	(208)	—	—	—	—
Kleinste Breite der Diaphyse	—	—	22	23	23
Größte Breite distal	—	—	31,5	32,5	32,5

m) *Phalanx 1*

Fundstelle, Datierung	Grab L/12, Nr. 5, Str. F		Grab M/12, Nr. 9, Str. E/2					?, Str. F—D
anterior/posterior	Gips[1]							
	ant.	post.	ant.[2]	post[2]	ant.[4]	post.[4]	post.[4]	post.[5]
Größte Länge	(72)	(65)	68,5	60	(65)	61,5	(62)	(65)
Größte Breite proximal	—	—	34	34,5	—	35	—	—
Breite der prox. Gelenkfläche	—	—	32	32,5	—	33,5	—	—
Tiefe proximal	—	—	(26)	25	—	26,5	—	—
Kleinste Breite der Diaphyse	21,5	—	(23)	20	21,5	21,5	21,5	(21)
Größte Breite distal	32	—	33	29	—	30,5	30,5	—
Breite der dist. Gelenkfläche	31	—	32	28,5	—	29,5	29,5	—

n) *Phalanx 2*

Fundstelle, Datierung	Grab M/12, Nr. 9, Str. E	?, Str. F—D
anterior/posterior	post.[4]	post.[5]
Größte Länge	32	(33)
Größte Breite proximal	33,5	(32,5)
Breite der prox. Gelenkfläche	31,5	(30,5)
Kleinste Breite der Diaphyse	28,5	28
Größte Breite distal	31,5	(30)

o) *Phalanx 3*, anterior, Grab L/12, Nr. 5, Str. F

Dorsale Länge	33,5[2]
Breite der Gelenkfläche	29,5
Höhe der Gelenkfläche	18

[1] Zusammengehörig.
[2] Zusammengehörig.
[3] Zusammengehörig.
[4] Zusammengehörig.
[5] Zusammengehörig.

schlankwüchsig, wie das von FIROUZ (z. B. 1972) beschriebene Kaspische Pony, so besteht doch nach der Zahnzeichnung von vornherein keine Verwechslungsmöglichkeit. Die Metapodien des einzigen bisher vermessenen Skeletts dieser Rasse sind zudem erheblich länger als bei den Equiden vom Tell el-Dabʿa (BÖKÖNYI, 1972, Fig. 3, 4 und 6).

Der in unserem Jahrhundert ausgestorbene Syrische Onager, Equus onager hemippus, der bei den Equidenskeletten vom Tell el-Dabʿa ebenfalls in Betracht gezogen wurde (BIETAK, 1968 a, 21 f.), hat besonders lange und schlanke Extremitätenknochen. Tabelle 1 läßt die verhältnismäßig langen, auffallend schlankwüchsigen Metapodien erkennen (vgl. auch BOURDELLE, 1933). Die Metapodien des Hemippus sind auch absolut markant

länger als diejenigen der Equiden aus dem Ostdelta. Die Fessel- und die Kronbeine könnten dagegen leicht verwechselt werden (Tab. 1).

Zum Größenvergleich mit den Eselknochen vom Tell el-Dabʿa bieten sich die Serie aus den Hethitergräbern von Osmankayasi (HERRE und RÖHRS, 1958), die hethiterzeitlichen Esel vom Koruçutepe in Ostanatolien (BOESSNECK und VON DEN DRIESCH, 1975, 31 ff.), sowie die frühbronzezeitlichen Eselfunde aus Jericho (NOBIS, 1968, 427) und aus Arad (LERNAU, 1972) an. Diese Esel waren etwa gleich groß und wenig größer (vgl. auch GEJVALL, 1946, DUCOS, 1967). Die Equidenskelette aus palästinensischen Gräbern der Mittleren Bronzezeit, auf die BIETAK (1968, 90 f.) hinweist, können erst herangezogen werden, wenn sie genau bestimmt und vermessen worden sind.

2. Hauspferd, Equus caballus

Nachdem es sich bei den beigesetzten Equiden um Esel handelt und nicht um Pferde und damit auch nicht um den Beweis für die vielfach vermutete Einfuhr des Pferdes nach Ägypten in der Hyksoszeit als Zugtier des leichten zweirädrigen Streitwagens, war ich überrascht, in dem Fundgut auch zwei Pferdezähne zu entdecken, zwei Oberkieferbackzähne, die deutlich größer als die Eselzähne sind:

1. M/12, Grab 9, „Aus der Grabgrube im Bereich OSO des Grabkastens", P3 oder P4, frisch durchgebrochen und in beginnender Reibung, so daß die Zahnzeichnung nicht zu beurteilen ist; Länge unterhalb der „Krone" (30) mm, medial ausgebrochen.

2. M/12, Planum 3, P3, P4 oder M1, gefunden zusammen mit zahlreichen Knochen der gewöhnlichen Wirtschaftstiere (s. o. S. 13), geringgradig abgerieben; Länge und Breite nahe der Usurfläche 29/28 mm. Kennzeichnend für die Zugehörigkeit zum Pferd sind der Sporn, d. h. die Plica caballi, und die Form des Protocons (Abb. 2).

Als Datierung sind für diese Zähne die frühe bis mittlere Hyksoszeit (Str. E/2, E/1) angegeben. Es erscheint mir jedoch nicht als ausgeschlossen, daß beide Zähne zu demselben Tier gehörten. M. BIETAK hält es für möglich, daß der unter Nr. 2 genannte Zahn beim Ausplündern des Grabes 9 mit Aushub auf die Oberfläche von Stratum E/1 gelangte. Schwierig bleibt jedoch die Frage zu beantworten, wie der andere Zahn in die Füllung der Grube von Grab 9 gelangte. Da nach Angaben von M. BIETAK die stratigraphische Zuweisung dieser Funde zweifelsfrei ist — (die Position des unter Nr. 2 genannten Zahnes ist auf Feldzeichnung, Planum 3, und auf Photographie, Neg. Tell el-Dab'a 47/52, 54, festgehalten, die darüber liegenden Strata D/3—1 gehören ebenfalls noch der Hyksoszeit an) —, muß doch bereits während der ersten Hälfte der Hyksosherrschaft mit Pferdehaltung im Ostdelta gerechnet werden.

3. Hausrind, Bos taurus

Wegen des schlechten Erhaltungszustandes konnten nur verhältnismäßig wenige Rinderknochen vermessen werden (Tab. 3). Nicht ein einziger Röhrenknochen mit Ausnahme von Phalangen ist in seiner ganzen Länge erhalten geblieben, weshalb sich keine genaueren Größenschätzungen vornehmen lassen. Nur soviel ist zu erkennen: (1) Die Maße variieren in engen Grenzen, und (2) wir haben es mit stattlichen, langhörnigen Rindern zu tun, die wohl zu Recht dem altägyptischen Langhornrind zugerechnet werden, der vorherrschend auf Wandbildern dargestellten altägyptischen Rinderrasse (vgl. z. B. BOESSNECK, 1953, 13f.), von der GAILLARD Schädel und Skelette beschrieb (LORTET und GAILLARD, 1903, 43ff., 1905, 255ff.; GAILLARD und DARESSY, 1905, 16ff.), leider ohne daß sich für die Maße an unserem fragmentären Fundgut Vergleichsmöglichkeiten ergaben. Als Widerristhöhen von aufgestellten Mumienskeletten gibt GAILLARD 142 bis 157 cm an.

Der einzige Hornzapfen, dessen Basis erhalten ist (Tab. 3a), läßt eine Drehung um die Längsachse erkennen. Er wurde an der Basis abgeschlagen (Abb. 5).

Die Rinderknochen kommen zu einem erheblichen Teil von jungen Tieren, und immer wieder fällt das Nebeneinander von Jung- und Alttierknochen auf (s. Kapitel B).

Tabelle 3. Maße von Rinderknochen

a) *Hornzapfen*, M/12, Planum 5, Str. G (Abb. 5)

Umfang an der Basis	185
Großer Durchmesser an der Basis	61,5
Kleiner Durchmesser an der Basis	53

b) *M 3*, M/12, Grab 9, Str. E/2

Länge/Breite	40/18,5
Abkauung	mittelgradig

Tabelle 3 (Fortsetzung)

c) *Scapula*

Fundstelle, Datierung	L/13, E?	M/10, F	N/11, H?
Kleinste Länge am Hals	47	57	52
Größte Länge des Proc.			
articularis	—	(70)	73
Länge der Gelenkfläche	—	—	62,5
Breite der Gelenkfläche	—	(46)	49

d) *Humerus*

Fundstelle, Datierung	L/15, H	N/13, D 1—2
Größte Breite distal	—	82
Größte Breite der Trochlea	(85)	77

e) *Radius*

Fundstelle, Datierung	M/10, Planum 5, E/F		N/11, G[1]	N/11, H?[2]
Größte Breite proximal	86	83	87,5	85
Größte Breite der proximalen				
Gelenkfläche	78	77	80	78

f) *Ulna*, N/11

Datierung	G[1]	H?[2]
Kleinste Tiefe des Olecranon	55	57,5
Größte Tiefe über den Proc.		
anconaeus	67,5	67

g) *Metacarpus*

	M/10	M/11	M/12	N/10	N/11	N/12
Fundstelle/Datierung	Grab 8, F	Plan. 3, D 3—E	Grab 9, E	Plan. 3/4, ?	Plan. 3, E oder F	Grab 7, E 1
Größte Breite proximal	64	—	—	—	63,5	72
Größte Breite distal	—	59,5	(61)	62,5	—	—

h) *Acetabulum*, M/12, Planum 5, G, ♀ oder ♂

Größte Länge einschließlich des Labium	73

i) *Femur*, Caput

	M/12,	M/13,	N/13,	A III,
Fundstelle/Datierung	Plan. 3, D 3	Plan. 4, E	Plan. 6, G	Plan. 2, D
Kraniokaudaler Durchmesser	53,5	49	48,5	50

k) *Femur*, Distalende

Fundstelle/Datierung	M/12, Plan. 5, G	M/13, Plan. 4, E
Größte Breite distal	(91)	(94)

l) *Patella*, L/13, E?

Größte Länge	67
Größte Breite	65,5

---

[1] Zu Ulna.
[2] Zu Ulna.

Tabelle 3 (Fortsetzung)

m) Tibia

Fundstelle, Datierung	L/10, F oder G	M/12, Plan. 3, D 3	N/10, Plan. 2/3, D ?
Größte Breite proximal	97,5	—	—
Größte Breite distal	—	67	67,5
	Im Verwachsen	Im Verwachsen	

n) Talus

Fundstelle, Datierung	M/10, Plan. 5/6, F?	N/11, Plan. 1/2, D
Größte Länge der lateralen Hälfte	74	—
Größte Länge der medialen Hälfte	69,5	65
Größte Tiefe der lateralen Hälfte	41	—
Größte Tiefe der medialen Hälfte	42	37
Breite des Caput	48	—

o) Calcaneus, N/11, Planum 3/4, D 3

Größte Länge	157,5

p) Metatarsus

	M/10	M/12	M/12	M/13	N/14	
Fundstelle, Datierung	Plan. 5, E/F	Grab 9, E	Plan. 3, D/3	Plan. 4, E	Plan. 2, E/1	
Größte Breite proximal	49	53,5	—	—	60	61
Kleinste Breite der Diaphyse	27	—	—	32	—	—
Größte Breite distal	—	—	60	(65,5)	—	—
					zusammengehörig	

q) Phalanx 1

	L/15	L/15	M/10	M/10		M/12	N/10		N/13—14
Fundstelle, Datierung	Plan. 2/3, ?	Plan. 2, D	Plan. 2, D	Plan. 5, E/F		Grab 9, E	Plan. 3, D 3		Profilsteg, ?
vorn, hinten, innen, außen	h.	h. ?	h. i.	h.	h.	v. a.	v. i.	v. a.	v. i.
Größte Länge der peripheren Hälfte	69	66,5	66	66	66	68,5	64,5	64,5	62
Größte Breite proximal	32	—	32,5	—	—	37	33	32	—
Kleinste Breite der Diaphyse	29	28,5	27,7	—	—	30	28	28	31
Größte Breite distal	33	—	30,5	—	—	34	31	30	34,5
				zusammengehörig			zusammengehörig		

r) Phalanx 2

	K/11	L/15	L/15		M/10	M/11
1. Fundstelle, Datierung	Plan. 2/3, E	Plan. 2, D/2	Plan. 2, D		Grab 7, F	Pithos 4, D 3—E 1
2. vorn, hinten	h.	h.	v.	v.	h.	v.
3. Größte Länge	49	48	(45)	45	43	44,5
4. Größte Breite proximal	(30)	34,5	—	33	27	28,5
5. Kleinste Breite der Diaphyse	—	(28)	27	28	21	22,5
6. Größte Breite distal	26	30	—	31	23	—
	Im Verwachsen		zusammengehörig			

1. M/12 Grab 5, D 2—3	M/12 Grab 12, E	N/10 Plan. 2/3, D 3	N/10 Plan. 3, D 3	N/14[1] Grab 10, E oder F
2. h.	h.	h.	h.	v.
3. 44,5	47,5	47	46,5	43
4. 28,5	32	31	31	34
5. 22,5	26	24,5	26	28,5
6. —	—	26	—	30

s) Phalanx 3, N/14, Grab 10, E oder F[1], vorne innen

Diagonale Länge der Sohle	91
Dorsale Länge	67

[1] Zusammengehörig.

4. Hausschaf, Ovis aries, und Hausziege, Capra hircus

Das *Schaf* ist in den Funden weitaus zahlreicher nachgewiesen als die Ziege (s. Kapitel B), weshalb erwartet werden muß, daß weit mehr Schafe als Ziegen gehalten wurden, eine Feststellung, die nicht einfach zu verallgemeinern ist, aber schon deshalb einen wertvollen Hinweis bedeutet, weil die Wandbilder darüber keine Aufschlüsse geben. Mengenangaben aus dem Alten Reich würden für einen größeren Anteil der Ziege sprechen. Die Schafe dieser Zeit hatten aber gegenüber den Ziegen noch nicht den Vorzug des Wollkleides.

Seit der vorgeschichtlichen Zeit und während des Alten Reiches hielten die Ägypter ein mit seinen waagrecht seitwärts gerichteten, korkzieherartigen Hörnern charakteristisches, spätreifes Haarschaf, das vom Mittleren Reich an durch ein Wollschaf mit weitspiralig gewundenen Hörnern der Böcke verdrängt wurde (mehr s. BOESSNECK, 1953, 17f.). 2 bis 3 Hornzapfenfunde sprechen dafür, daß die hyksoszeitlichen Schafe vom Tell el-Dab'a zu dieser neuen Wollschafrasse gehörten (Abb. 10). Ein oder zwei nicht abgebildete Zapfen (L/11, Planum 2, E) sind zerbröckelt. Einer war etwa doppelt so stark wie der abgebildete.

Mit dem Wollfließ wird das zahlenmäßige Übergewicht des Schafes über die Ziege leicht verständlich, zumal die selbe Beobachtung weithin mit der Ausbreitung des Wollschafes einhergeht.

Die in den Funden aus dem Ostdelta belegten weiblichen Tiere waren, stark variierend, klein behornt. Für Hornlosigkeit gibt es keinen Beleg.

Über die Größe der Schafe geben die Maße einiger Aufschluß. Zwei ganz erhaltene Radien (Tab. 4 g) und zwei Metatarsen (Tab. 4 p) sowie noch nicht ausgewachsene, in der Länge erhaltene Röhrenknochen (Tab. 4 g, i) lassen auf der Basis der Untersuchungen HAAKS (1965) an Merinolandschafen auf eine Widerristhöhe von etwa 65—75 cm schließen. In bezug auf die Wuchsform ist nur zu erkennen, daß nicht mit Extremen zu rechnen ist.

An den Unterkiefern und Zähnen war keine Artbestimmung möglich. Die Maße der M_3 werden deshalb nur summarisch erwähnt. Anzunehmen ist, daß die meisten dieser Funde Reste von Schafen sind. 19 M_3 variieren in der Länge zwischen 22 und 26 mm um einen Mittelwert von 23,9 mm. Die Breite ist so stark vom Abkauungsgrad abhängig, daß sich kein brauchbarer Mittelwert berechnen läßt. Sie variiert bei Abnahme etwa in der Mitte der Zahnhöhe von 7,5—9,5 mm. Auch die meisten distalen Tibiaenden mußten unbestimmt bleiben. Zwei Stücke mit einer größten Breite distal von 26 und 26,5 mm werden von weiblichen Tieren, zwei Enden mit 28,5 und 29 mm von Böcken sein.

In einem gewissen Gegensatz zu einer profanen Betrachtungsweise der Schafhaltung von dem neuen Vorteil der Wollnutzung aus gesehen, steht der hohe Anteil Jungtiere unter den Nachweisen. Vor allem fällt ebenso wie bei dem Rind die Kombination der Reste von Jung- und Alttieren auf.

Ein durch Quetschung im Boden verzogener Widderschädel ist deshalb bemerkenswert, weil er die Betäubung des Tieres durch einen von vorn geführten schweren Axthieb erkennen läßt. Die äußere Stirnbeinwand ist durchschlagen. Der Schlag drang aber nicht weiter als bis in den Sinus frontalis vor. Als nächste Schlachtmaßnahme ist an die Schächtung zu denken.

Über die Größe der *Ziege* geben die wenigen Maße (Tab. 4) kaum eine Vorstellung. Ein Bockhornzapfen aber bringt Klarheit darüber, daß am Tell el-Dab'a die Schraubenhornziege gehalten wurde, die von der vorgeschichtlichen bis zur Spätzeit als gewöhnliche Rasse Altägyptens abgebildet wird (PIA, 1942; BOESSNECK, 1953, 15f.). Der Hornzapfen (Abb. 8) ist stark priscaartig gedreht, aber auch noch gebogen und gewunden, so daß die Spitze nicht in die gleiche Ebene fällt wie die Basis. Nach den Wandbildern entsteht der Eindruck einer noch extremeren Drehung des Zapfens um seine Längsachse ohne jede Biegung und Windung. Ein derart holzschraubenartig geformtes Gehörn — wie sie auch bei rezenten Rassen vorkommen (z. B. Girgentiziege) — aus dem Mittleren Reich besitzt die Ägyptische Sammlung in Berlin (vgl. BOESSNECK, 1953, 16). PIA (1942) untersuchte eine Reihe von entsprechenden Schädeln aus der Spätzeit Altägyptens. Demnach ist bei den bildlichen Darstellungen mit einer gewissen Idealisierung und Vereinheitlichung des Typs zu rechnen, und die individuelle Variation in diesen Populationen umspannte ohne weiteres auch Formen wie die vorliegende. Der Zapfen hat an der Vorderkante gemessen eine Länge von 29 cm. Die Basis ist abgeschlagen und abgebrochen.

Tabelle 4. Maße von Schaf- und Ziegenknochen

a) *Hornzapfen*, Schaf

Fundstelle, Datierung	N/11, Plan. 3, G	N/13, Plan. 6, G	N/16, Grab 2
Umfang an der Basis	50	100	—
Größte Länge in etwa	(50)	(100)	(200)
Großer Durchmesser an der Basis	16,5	39	—
Kleiner Durchmesser an der Basis	11,5	19	—
Geschlecht	♀	♀?	♂

Tabelle 4 (Fortsetzung)

b) Unterkiefer, Schaf/Ziege

Fundstelle, Datierung	M/12, E	M/13, Plan. 1, D 2		N/13, Plan. 6, G
Länge der Backzahnreihe (Alveolen)	(82)	82	–	72
Länge der Molarreihe (Alveolen)	(55)	57,5	52	50
Länge der Prämolarreihe (Alveolen)	26,5	25	–	21,5
Höhe vor M 1	–	25	–	21,5
Länge von M 3	–	25	22,5	23,5
Breite von M 3	–	9,5	8	8,7
Abkauung	im Beginn	+	+	+ +

c) Atlas, Schaf, K/11, Planum 2, D 2

Größte Breite der kranialen Gelenkfläche	51
Größte Breite der kaudalen Gelenkfläche	45
Größte Länge von der kranialen zur kaudalen Gelenkfläche	48
Größte Länge des Wirbels	50,5

d) Epistropheus, Schaf, M/12, Planum 5, G

Größte Länge einschließlich Dens	60
Größte Breite der kranialen Gelenkfläche	46,5
Kleinste Breite des Wirbels	26,2

e) Scapula

1. Tierart	Schaf		Schaf	Schaf
2. Fundstelle, Datierung	L/12, Grab 5, F		M/12, Plan. 3, D 3	M/12, Grab 9, E
3. Kleinste Länge am Hals	22,5	22	17,5	19,5
4. Größte Länge des Proc. articularis	35,5	35	31	37
5. Länge der Gelenkfläche	27,5	26,5	25,5	29,5
6. Breite der Gelenkfläche	(22,5)	22,5	20,5	(23)

zusammengehörig

1. Schaf	Schaf	Ziege	Ziege	
2. M/13, Plan. 5, E	N/12, G	N/11, Grab 3, D 3	N/11, H	
3. 21	21	20,5	22,5	19,5
4. –	35	–	34,5	33
5. –	26,5	–	27,5	26
6. 22	22	24	24	(22,5)

f) Humerus, Schaf

Fundstelle, Datierung	M/12, Grab 9, E	N/12, G	?, F—D
Größte Breite distal	29,5	31,5	(32)

g) Radius

1. Tierart	Schaf	Schaf	Schaf[1]
2. Fundstelle, Datierung	K/12, Plan. 6, G	K/12, Grab ?	K/14, Grab 4, Plan. 5/6
3. Größte Länge	–	–	180
4. Größte Länge ohne die lose distale Epiphyse	–	–	–
5. Größte Breite proximal	30	30	33,5
6. Breite der proximalen Gelenkfläche	27,5	28,5	31
7. Kleinste Breite der Diaphyse	15,5	–	17,5
8. Größte Breite distal	–	–	(30)

---

[1] Zusammengehörig; größte Länge von Radius und Ulna 222,5.

Tabelle 4 (Fortsetzung)

1. Schaf	Schaf	Schaf	Schaf	Schaf[2]	Ziege
2. L/11, Grab 2, F	L/14, Grab 4, D 2	M/10, Grab 8, F oder G	N/11, G	N/13, Plan. 6, G	N/10, Grab 7
3. —	—	—	—	165	—
4. —	—	172	—	—	133
5. —	31,5	33	31,2	33,5	29
6. —	28,5	—	29	30	28,5
7. —	16,5	15,7	—	17,5	17
8. (32)	—	—	—	—	—

h) *Ulna*, Schaf

Kleinste Tiefe des Olecranon	23,3[1]	23[2]
Tiefe über den Proc. anconaeus	28,5	26,5

i) *Metacarpus*

1. Tierart	Schaf	Schaf	Schaf	Schaf
2. Fundstelle, Datierung	K/12, Grab ?	L/12, H	L/14, Grab 4, D 2	M/10, Grab 7
3. Größte Länge	—	—	139[3]	—
4. Größte Länge ohne die distale Epiphyse	124	—	—	—
5. Größte Breite proximal	—	23,5	24,5	22,2
6. Kleinste Breite der Diaphyse	13,5	11,3	15	11,3
7. Größte Breite distal	—	—	—	—
		adult?		adult?

1. Schaf	Ziege
2. N/14, Plan. 2, D 3	L/14, Grab 4, D 2
3. —	—
4. —	—
5. —	25
6. 12,5	16,5
7. 24	—

k) *Acetabulum*, Schaf

Fundstelle, Datierung	L/11, Grab 3, E	L/12, Grab 5, F		L/14, Grab 4, D 2	N/13, Grab 8, E	N/13, Plan. 6, G
Länge einschl. des Labium	33	32	31[4]	29	27	31
Geschlecht	♂	♂	♂	♀	♀	♂

l) *Femur*, Schaf, L/12, Grab 5, F

Größte Breite proximal	47,5[4]	47[4]	—	—
Tiefe des Caput	20,8	20,8	—	19
Größte Breite distal	—	—	37,5	—

m) *Tibia*, Schaf, L/12, Grab 5, F

Größte Breite distal	28,3[5]	28[5]

n) *Talus*, Schaf

1. Fundstelle, Datierung	K/12, G–H	L/14, Grab 1, D 2	L/16, Grab 2, D 3	M/12, Plan. 3, D 3
2. Größte Länge der lateralen Hälfte	29	29	30,5	29
3. Größte Länge der medialen Hälfte	28,3	28,5	28,8	28,3
4. Tiefe der lateralen Hälfte	16,7	16,5	16,8	16
5. Breite des Caput	—	18	19,3	19
		verkohlt		

[1] Zusammengehörig; größte Länge von Radius und Ulna 222,5.
[2] Zusammengehörig.
[3] Distale Epiphysenfuge offen, Epiphyse angeleimt.
[4] Becken, Femora und Tibiae zusammengehörig.
[5] Becken, Femora und Tibiae zusammengehörig.

Tabelle 4 (Fortsetzung)

1. N/11, Grab 1, D	N/11, Grab 3, D 3	N/13, Grab 7, E	
2. 31,7	30	30,5	
3. —	27,5	29,5	
4. 17,5	16,5	17	
5. Art?	19,2	19,5	

o) Calcaneus, Schaf, L/11, Grab 1, F

Größte Länge	62
Größte Breite	26,5
	im Verwachsen

p) Metatarsus

1. Tierart	Schaf	Schaf	Schaf	Schaf
2. Fundstelle, Datierung	L/12	L/14	M/11	M/12
	Grab 5, F	Grab 4, D 2	Pithos 4, D 3—E 1	Plan. 3, D 3
3. Größte Länge	—	163,5	—	—
4. Größte Breite proximal	23	22	22,5	21,5
5. Kleinste Breite der Diaphyse	—	13	11,7	11,3
6. Größte Breite distal	—	26	—	—

1. Schaf	Schaf	Schaf	Schaf	Schaf	Schaf	Ziege ♀
2. M/12, Plan. 3, D 3		M/13, Plan. 4, E	N/10, Plan. 2, D 3	N/10, Plan. 3	?, F—D	M/12—13, E od. G
3. (ca. 145)	—	—	—	—	—	—
4. 20	—	21,5	21,5	21,5	20,5	20
5. —	(13,5)	—	12,3	—	—	11,5
6. —	27	—	—	—	—	—

qu) Phalanx 1, Schaf

Fundstelle, Datierung	L/12, Grab 5, F	M/12, Plan. 3, D 3	N/11, G		N/13, Grab 3, D 3
Größte Länge der peripheren Hälfte	40	37,5	41	41	37,5
Größte Breite proximal	12	13	14,5	14,5	13,5
Kleinste Breite der Diaphyse	9,5	11	12	11,5	9,5
Größte Breite distal	11,5	12,5	13,5	13,5	12
			zusammengehörig		

r) Phalanx 2, Schaf, A I, D

Größte Länge	24
Größte Breite proximal	11
Kleinste Breite der Diaphyse	9

5. Kuhantilope, Alcelaphus buselaphus

Von der Kuhantilope liegt eine zerfallene Kalotte vor, deren einer Hornzapfen noch so weit erhalten ist, daß er die Artdiagnose ermöglichte (Abb. 7). Der Fund kommt aus L/11, Planum 2, wo er — zusammen mit ein oder zwei Widderhornzapfen — innerhalb einer Mauer von Stratum = Besiedlungsschicht E/2 gefunden wurde. Er wird als vermutlich frühhyksoszeitlich angesehen.

Die Nordafrikanische Kuhantilope, Alcelaphus buselaphus, war über Nordafrika, Nordarabien und Palästina verbreitet, bevor sie, in unserem Jahrhundert, ausgestorben ist (HALTENORTH, 1963, 102). Im Alten Reich des alten Ägypten gehörte sie zu den als „Wild der Wüste" halbdomestiziert gehaltenen Arten (BOESSNECK, 1953, 30), stand aber, nach den Darstellungen zu schlie-

ßen, nicht so im Vordergrund der Wildhaltung wie etwa die Nordafrikanische Oryx, Oryx algazel (= Oryx gazella dammah). GAILLARD beschrieb Knochenfunde von der Kuhantilope aus paläolithischer Zeit sowie zwei Mumien aus Sakkara (LORTET und GAILLARD, 1903, 72ff., GAILLARD und DARESSY, 1905, 21ff.). Bronzezeitliche Funde aus Palästina untersuchte DUCOS (1968, 49f., 111ff.).

An dieser Stelle sei auch ein rundum stark abgeriebenes distales Femurende aus der SW-Ecke des Planums der Schicht G von N/11 erwähnt, das gleichfalls von einer Antilope zu sein scheint, ohne daß der Erhaltungszustand eine nähere Bestimmung gestattet.

6. Gazelle, Gazella spec.

Nur an zwei Stellen wurden Gazellenknochen gefunden:

1. L/14, Grab 4, Str. D 3, fünf Phalangen von einer Extremität, gefunden zusammen mit zahlreichen Knochen der Wirtschaftstiere und einigen Vogel- und Fischknochen. Phalangen 1 in gleicher Reihenfolge: Größte Länge der peripheren Hälfte 40,5—40; größte Breite proximal 10,3—10; kleinste Breite der Diaphyse 7,5—7,5; größte Breite distal 8,5—8,5; Phalangen 2 in gleicher Reihenfolge: größte Länge 22,5—22,5; größte Breite proximal 8,8—8,7; kleinste Breite der Diaphyse 6—6; größte Breite distal 7,2—7,2; Phalanx 3: Diagonale Länge der Sohle 26,3; dorsale Länge 22,3 mm. Auf Grund ihrer Gestalt dürften diese Zehenknochen trotz ihrer dann erheblichen Länge (vgl. Ducos, 1968, 167) von einer Hinterextremität sein (Abb. 4).

2. M/12, Grab 8, Str. E/2, Epistropheus. Die kaudale Wirbelscheibe ist abgefallen und fehlt. Größte Länge ohne die kaudale Wirbelscheibe, aber einschließlich des Dens 56, Breite der kranialen Gelenkfläche 32,7, kleinste Breite des Wirbels 18,3 mm.

Tiergeographisch gesehen können die gefundenen Knochen von der Echtgazelle, Gazella gazella, der Dorcasgazelle, Gazella dorcas, oder auch der Dünengazelle, Gazella leptoceros, sein, die alle von Nordafrika bis Vorderasien bzw. Arabien vorkommen (HALTENORTH, 1963, 110ff., LANGE, 1972) und früher weiter verbreitet waren als heute, wo sie ihrer Ausrottung entgegengehen. Da mir kein Vergleichsmaterial von G. gazella und G. leptoceros zur Verfügung steht, mußte der Versuch einer morphologischen Bestimmung unterbleiben. Die Dünengazelle, dem Leben in der Sandwüste speziell angepaßt, könnte Unterschiede im Bau der Zehenknochen zeigen. Die Größe der Phalangen reicht nicht aus, die kleinere Dorcasgazelle auszuschließen, ohne an einer Serie die individuelle Variation festgestellt und dabei in Betracht gezogen zu haben, daß die Tiere vielleicht früher größer wurden, wenn die Lebensbedingungen günstiger waren. Nur die Annahme, daß die Zehenknochen von einem männlichen Tier waren, die stärker als die weiblichen Tiere werden, ist wohl berechtigt.

Die Dorcasgazelle wird im allgemeinen als Vorbild der meisten altägyptischen Gazellendarstellungen angenommen und mit zu den beliebtesten halbdomestiziert gehaltenen Arten gerechnet, die als „Wild der Wüste" oder „Haustiere der Wüste" zusammengefaßt werden (BOESSNECK, 1953, 27). Von ihr sind auch Mumien untersucht worden (LORTET und GAILLARD, 1903, 82ff.; GAILLARD und DARESSY, 1905, 12ff., 30), an denen GAILLARD keine Größenunterschiede zu heutigen Vergleichstieren fand.

Von G. gazella ist bei der Ausdeutung altägyptischer Darstellungen so gut wie nicht die Rede, obwohl sie auf zahlreichen Abbildungen keineswegs von vornherein auszuschließen ist. Sie kommt, ebenso wie die Dorcasgazelle, heute noch auf der Sinaihalbinsel, also nahe dem Ostdelta, vor.

Als eine weitere Art hat GAILLARD (LORTET und GAILLARD, 1903, 85f; GAILLARD und DARESSY, 1905, 14f.) nach altägyptischen Mumien Gazella isabella bestimmt. Die Isabellagazelle wird heute als geographische Rasse der Dorcasgazelle angesehen. Sie ist größer als G. dorcas dorcas und hat nach längerem Anstieg der Hörner mehr einwärts gedrehte Hornspitzen. Ihre Verbreitung ist heute auf das nordwestliche Äthiopien und den angrenzenden Teil des Sudan beschränkt. Früher müssen Gazellen dieser Größe und mit dieser Hornform aber bis Oberägypten verbreitet gewesen sein. Trotzdem macht es sich die Deutung altägyptischer Wandbilder sehr einfach, wenn sie die Gazellen mit von der Seite dargestellten Hörnern als „Dorcas" und die mit von vorn gezeigten Hörnern mit stärker einwärts gerichteten Enden als „Isabella" ansieht (z. B.: BUTZER, 1959, Taf. II, 3). Schon das Nebeneinanderstehen zweier Tiere beider geographischen Unterarten muß in diesem Fall zusätzlich, etwa als „künstlerische Freiheit", erklärt werden. Wie dem auch sei, für die Funde vom Tell el-Dab'a kommt diese oberägyptische Form nicht in Betracht.

7. Hausschwein, Sus domesticus

Das Schwein spielte als Wirtschaftstier im alten Ägypten nur eine untergeordnete Rolle. Im Delta waren jedoch die Haltungsbedingungen für Schweine nicht von vornherein schlecht, kam doch auch das Wildschwein hier vor (BOESSNECK, 1953, 10, 19, mit Literaturhinweisen).

In den Funden vom Tell el-Dab'a stellt das Schwein mit 63 Fundstücken nicht einmal 5% der Wirtschaftstiere Rind, Schaf, Ziege und Schwein. Die Funde umspannen den ganzen Zeitraum von Str. H? bis D 3. Schweineknochen kommen in den verkohlten Knochenresten aus dem Tempel ebenso vor wie unter den gewöhnlichen Funden und Grabbeigaben.

Der schlechte Erhaltungszustand der Knochen erschwert die Beurteilung der Altersverteilung, der Größe und des Wuchses der Schweine. Über den Typ erhalten

Tabelle 5. Maße von Schweineknochen

a) *Scapula*

Fundstelle, Datierung	L/12, Grab 5, F	L/11, E/2	N/13, Plan. 6, G
Kleinste Länge am Hals	22,5	—	17,5
Größte Länge des Proc.			
articularis	35	35	30
Länge der Gelenkfläche	29	27,5	27,5
Breite der Gelenkfläche	23,5	—	21
			wohl juvenil

b) *Radius,* M/10, Grab 8, F

Größte Breite proximal	28,5

wir jedoch durch Wandbilder aus dem Neuen Reich Informationen: *Die altägyptischen Schweine besaßen schlanke Körper, hohe Extremitäten, lange Rüssel, aufrechtstehende Ohren, einen hohen Borstenkamm auf dem Rücken und waren anscheinend auch am übrigen Körper stärker behaart. Sie sind demnach und der Art ihrer Haltung wegen als primitive Landschweine zu bezeichnen. Die bei derartigen Schweinen üblichen Domestikationsfarben traten auf. Bei manchen sehen wir einen Ringelschwanz. Ferkel trugen oft ein Streifenkleid wie die Frischlinge unserer Wildschweine* (BOESSNECK, 1953, 19). Die Vermutung, daß die Tiere nicht über mittelgroß waren, kann vorerst nur durch vier vergleichbar meßbare Knochen gestützt werden, 3 Scapulae und ein proximales Radiusende (Tab. 5).

Was die Altersverteilung betrifft, ist wie überall an Schweineknochenfunden aus Siedlungsabfällen ein höherer Anteil Jungtiere zu beobachten. Schweine wurden nachweislich als Ferkel — Pd 4 frisch in Reibung —, später im ersten Jahr — Humeri mit losen distalen Epiphysen oder M^1 in Reibung, M^2 noch nicht durchgebrochen —, nach etwa einem Jahr — Tuber scapulae im Verwachsen —, im zweiten Jahr — M_3 noch nicht durchgebrochen —, sowie in ausgewachsenem Zustand — M^3 geringgradig abgerieben — geschlachtet. Die Mehrzahl der Schweine kam anscheinend im zweiten und dritten

Jahr zur Schlachtung. Von 7 in bezug auf die Verwachsung des Tuber zu beurteilenden Scapulae waren 6 verwachsen, 1 im Verwachsen. Nachweise für über 3½jährige Tiere fehlen. Diese Altersbestimmung beruht auf den Angaben von LESBRE in ZIETZSCHMANN (1924, 404) und von SILVER (1963, 252f.).

Eine Besonderheit unter den Schweineknochenfunden stellt eine Hinterschädelregion mit Narbengruben auf der Parietal- und im Übergangsbereich zur Nuchalseite dar. Die Schädelwand ist verdickt und verzogen (Abb. 11). Derartige Veränderungen wurden in letzter Zeit mehrfach beobachtet (BOESSNECK, 1973; VON DEN DRIESCH-ENDERLE, im Druck) und werden als Folgen von Verletzungen angesehen, die sich die Schweine gegenseitig beibringen.

Bemerkenswert verformt ist auch eine Scapula (M/10, Planum 5, E—F). Von der Kaudalseite des Collum scapulae springt ein geschwungener Kamm vor (Ursprungsbereich des Musculus teres minor, Abb. 12). Die enge Incisura scapulae setzt sich in einen zweikantigen Margo cranialis fort (Abb. 12). Vier kurze Leistchen am Rand der Incisura scapulae markieren eine Gefäß- und Nervenübertrittstelle (Ast der Arteria circumflexa scapulae etc.). Es liegt nahe, die Verformungen als Folgen eines Traumas anzusehen.

8. Nilpferd, Hippotamus amphibius

Das Flußpferd, das heute am Nil erst oberhalb von Khartum anzutreffen ist, war in der altägyptischen Zeit bis in das Nildelta und nach Palästina verbreitet (z. B. HAAS, 1953).

Der ganz erhaltene Talus von einem Nilpferd (Abb. 13), der in M/13, Planum 6, am Südprofil in der Grube von Grab 4 gefunden wurde, ergab die folgenden Maße (mm):

größte Länge	114
größte Breite	91

Er wird in die fortgeschrittene Hyksoszeit eingestuft (D/3).

Auch der zweite Nilpferdknochen aus N/10 (D/3—E/1), eine brüchige, in mehrere Teile zerbrochene Rippe, weist dieselbe Datierung auf. Es soll daran erinnert werden, daß sich Tell el-Dabʿa am Ufer eines ausgedehnten Gewässers befand, das sowohl mit dem Nilsystem als auch mit den großen Überlaufbecken des Bahr el-Baqar-Entwässerungssystems in direkter Verbindung stand (vgl. BIETAK, 1975, 113ff., 190ff.).

9. Hund, Canis familiaris

Zu der Vielfalt des Erscheinungsbildes, das uns Schädel- (HAUCK, 1941) und Skelettfunde (LORTET und GAILLARD, 1903, 1 ff., 1905, 249 f.) sowie die bildlichen Darstellungen (z. B. BOESSNECK, 1953) über die altägyptischen Hunde vermitteln, tragen die Funde vom Tell el-Dab'a so gut wie nichts bei. Nur 4 Hundeknochen wurden festgestellt:

1. Grab L/12,5, Str. F, adulte Beckenhälfte, östlich des Grabes gefunden zusammen mit zahlreichen Knochen der eigentlichen Wirtschaftstiere und Teilen eines der bestatteten Esel. Größte Länge der Beckenhälfte (136), Länge des Acetabulum auf dem Kamm gemessen 19,6 mm.

2. M/12, Planum 5, Str. G, adulter Humerus, zusammen mit Rinder-, Schaf- und einem Schweineknochen gefunden (Abb. 3). Größte Länge (138,5), größte Länge lateral 136,5, Länge vom Caput aus (133,5), größte Tiefe proximal 33,5, größte Breite proximal 26, kleinste Breite der Diaphyse 11, größte Breite distal (26) mm.

3. N/11, Schicht f, H?, adultes distales Humerusende, im SW-Eck im Rundhürdenbau zusammen mit zahlreichen zerbröckelten, bröseligen Knochen der eigentlichen Wirtschaftstiere gefunden. Größte Breite distal 30,5 mm.

4. N/12, N-Profilziegel, Planum 2, D 3, Kranialteil eines Epistropheus aus dem westlichen der beiden Vorratsgefäße, gefunden zusammen mit wenigen Knochen

der eigentlichen Wirtschaftstiere. Breite der kranialen Gelenkfläche 27,5 mm.

Unabhängig von der Fundverteilung gehörten die Knochen mindestens 2 Tieren. Der ganze Humerus, die Beckenhälfte und der Epistropheus entsprechen in der Größe einer mittelgroßen Rasse wie dem Mittelschnauzer (WAGNER, 1930, 148 ff.), nur war der Hund weniger kräftig im Wuchs. Wird aus der größten Länge des Humerus mit dem von KOUDELKA (1885) errechneten Faktor eine Schätzung der Widerristhöhe vorgenommen (vgl. BOESSNECK u. a., 1971, 91), ergeben sich 47 cm (vgl. BOESSNECK u. a., 1971, Tab. 171). GAILLARD hätte die Knochen sicherlich einem „Chien errant" zugerechnet, einem altägyptischen Straßenhund. Das einzige vergleichbare Maß, die Humeruslänge, entspricht kleineren von GAILLARD vermessenen Skeletten (LORTET und GAILLARD, 1903, 8; GAILLARD und DARESSY, 1905, 3). Der andere Humerus, von dem nur das Distalende vorliegt, ist — normale Proportionen vorausgesetzt — von einem größeren, nicht aber von einem großen Hund.

Schwierigkeiten bereitete es, den Schakal, Canis aureus, auszuschließen, weil nur ungenügendes Vergleichsmaterial zur Verfügung stand. Vor allem der ganz erhaltene Humerus (Abb. 3) scheint in der Größe auch zum Schakal zu passen. Die Schakalhumeri waren jedoch im Schaftteil kantiger.

10. Kaphase, Lepus capensis

Unter den Tierknochen aus einer „Keramikansammlung" im SW-Eck von N/13, Planum 6, G, befand sich der Beckenrest eines Hasen. Die Länge des Acetabulum

beträgt, auf dem Kamm gemessen, 8,5 mm. Hasen mit auffallend langen Löffeln werden auf altägyptischen Jagdszenen dargestellt.

11. Hausratte, Rattus rattus

Der einzige Rattenknochen, eine ausgebrochene Beckenhälfte, wurde zusammen mit anderen verkohlten oder angekohlten Knochenresten (s. S. 12) in einem Pithos im SO-Eck von M/10, Planum 2/3 gefunden. Der Knochen ist schwarzbraun verfärbt. Er ist in die späte Hyksoszeit datiert (D). Die Länge des Acetabulum mißt 4 mm, auf

dem Kamm gemessen. Rattus rattus alexandrinus, um die es sich bei dem Fund handeln wird, hat schon GAILLARD in den Eingeweiden altägyptischer Raubvogelmumien aus ptolemäischer Zeit nachgewiesen (LORTET und GAILLARD, 1903, 39 f.).

12. Vögel, Aves

a) Flamingo, Phoenicopterus ruber

Die häufigsten Vogelknochen sind Flamingoknochen:

1. M/12, Planum 3, Str. E/1, in einer Anhäufung von großen Tonscherben, Steinen und Tierknochen lagen ein Schaftstück von einem linken und das Proximalende von einem rechten Femur. — MIZ 1.

2. M/12, Grab 3, Str. D/3, war mit dem mensch-

lichen Skelett vermengt, ein rechter Femur ohne das distale Ende (Abb. 9).

3. N/13, Planum 6, SW-Ecke, G, in einer Keramikansammlung fand sich unter anderen Tierknochen (s. o. S. 17) ein Coracoid, an dem die vorstehenden Ecken abgebrochen sind.

4. N/16, Planum 2, Schicht c, D ?, lag „innerhalb der Mauer" zusammen mit den Splittern eines Rinder-

brustwirbels und eines Ziegenhornzapfens der Distalteil eines Tibiotarsus von einem Flamingo.

Keines der Fundstücke ergab vergleichbare Maße. An den großen Lagunen und Seen des Deltas halten sich heute noch regelmäßig Flamingos auf. Früher war der Flamingo Brutvogel im Delta (MEINERTZHAGEN, 1930, 453). Zu Seen und Gewässern in unmittelbarer Umgebung von Tell el-Dabʿa, vgl. BIETAK (1975, 113 ff., 190 ff.).

b) Graugans, Anser anser

Von einem Humerus aus M/10, Pithos 1, Str. D/2—3, fehlt nur ein kleiner Abschnitt aus dem proximalen Drittel des Schaftes. Das Distalende ist ausgebrochen. Die größte Breite proximal mißt ca. 33,5 mm, die kleinste Breite der Diaphyse 10,5 mm. Die Frage, ob es sich um den Knochen einer Wildgans, des Wildvorfahren unserer Hausgans, oder denjenigen einer Hausgans handelt, bleibt offen. In der Größe paßt der Fund bestens zur Graugans (BACHER, 1967, 68), was aber nicht besagt, daß er nicht auch von einer domestizierten Gans sein kann. Die Graugans ist in Altägypten bereits während des Alten Reichs als Haustier gehalten worden und zeigt im Neuen Reich eine bunte Skala von Domestikationsfarben (BOESSNECK, 1960, 1962).

c) Enten

1. Unter den zahllosen Knochen aus Grab 9, M/12, Str. E/2, fand sich im W-Profil unter anderem ein etwa 3,5 cm langes Mittelstück vom Humerusschaft eines mittelgroßen Entenvogels, das nicht weiter bestimmt werden kann.

2. Aus O/12, Grab 5, Planum 3, Str. D/3—E/1, liegen 3 Entenknochen vor: Ein Humerus, eine Ulna und die distalen zwei Drittel eines Tibiotarsus. Die Artbestimmung machte große Schwierigkeiten, weshalb Herr Dr. J. LEPIKSAAR, Göteborg, zu Rate gezogen werden mußte[1]. Die beiden kleineren Knochen, Humerus und Ulna, stimmen am besten bei der Moorente, Aythya nyroca, überein, einem heute noch häufigen Wintergast im Delta. Der Tibiotarsus gehört am ehesten zur Spießente, Anas acuta, der weitaus am häufigsten auf altägyptischen Wandbildern dargestellten Entenart (vgl. z. B. BOESSNECK, 1953, 33 f.).

Es folgen die Maße. Humerus: Größte Länge 71,8, größte Breite proximal 15,2, kleinste Breite des Schaftes 4,6 mm und größte Breite distal 9,8 mm. Ulna: Größte Länge (61), größte Breite proximal 6,7 mm und größte Diagonale distal 7 mm.

3. Die ventralen zwei Drittel eines verbrannten Coracoids kommen zusammen mit zahlreichen Schafknochen aus „A II, Provenienz unbekannt, wahrscheinlich zweite Zwischenzeit".

---

[1] Für die hier wie stets prompt gewährte Hilfsbereitschaft sei Herrn Dr. LEPIKSAAR herzlich gedankt.

3*

d) Bläßhuhn, Fulica atra

1. L/14, Grab 4, Str. D/3, unter zahlreichen anderen Tierknochen (s. o. S. 11) wurden das distale Drittel eines Humerus und die distalen zwei Drittel eines Tibiatarsus von einem auf Grund seiner Größe wohl männlichen Bläßhuhns gefunden. Als Maße konnten genommen werden: Humerus, größte Breite distal 11 mm; Tibiotarsus, kleinste Breite der Diaphyse 4,8, größte Breite distal 9 mm.

2. M/12, Grab 9, Westteil, Str. E/2, der mittlere Abschnitt eines Humerusschaftes. Kleinste Breite des Schaftes 4,8 mm.

3. O/12, unter einer Mauer von Str. b oder c = D 2 bis 3, lag zusammen mit dem Distalteil eines Rindermetacarpus ein streckenweise geschwärzter Humerus, dem das distale Viertel fehlt. Größte Breite proximal 14, kleinste Breite des Schaftes 4,5 mm.

Die beiden zuerst beschriebenen Knochen sind außergewöhnlich groß, die anderen groß. Bei den Resten aus L/14, Grab 4, muß auch an die Zugehörigkeit zum Kammbläßhuhn, Fulica cristata, gedacht werden, das größer als das Bläßhuhn ist, von dem wir aber kein Vergleichsmaterial zur Verfügung haben. Heutzutage brütet nur das gewöhnliche Bläßhuhn im Delta und überwintert hier in großen Scharen. Früher könnte aber auch das Kammbläßhuhn bis in das Nildelta nach Norden gezogen sein. SHELLY (1872, 278) schreibt: *The Crested Coot appears to be plentiful at times in Egypt ...*, betont aber dann: *I never met with a specimen while in the country; but a resident informed me that they are abundant during the inundations.* Ob hier nicht eine Verwechslung vorliegt, nachdem dieser Bericht seither nie bestätigt worden ist?

Bläßhühner sind auch gelegentlich unter den im Schlagnetz eingefangenen und den vorgeführten Vögeln zu erkennen (WRESZINSKI I, 249, III 83 B).

e) Uferschnepfe, Limosa limosa

Unter dem Teller im SO-Eck des Grabes 1, in N/13, Str. D 2, lagen die Reste eines wohl als Ganzes in den Boden gekommenen Tierkörpers. Vorhanden sind noch Teile von 14 Knochen aus dem Bereich des Rumpfes, einer Vorder- und der beiden Hinterextremitäten. Von Schädel und Hals fehlt jede Spur. Wir fanden die beste Übereinstimmung bei der Uferschnepfe. Das Skelett ist aber größer als unser Vergleichsmaterial. Dasselbe bestätigte Dr. LEPIKSAAR. Die Uferschnepfe ist ein regelmäßiger Wintergast im Delta. Nur eine Ulna und ein Carpometacarpus ergaben Maße. Ulna: Größte Länge 80,2 mm, größte Breite der proximalen Gelenkfläche 7,8 mm, kleinste Breite der Diaphyse 3,8 mm, größte Diagonale distal 7,5 mm; Carpometacarpus: größte Breite proximal 10,2 mm. Nach der Größe kann es sich nur um ein weibliches Tier handeln.

E. Schluß

Zwanzig Jahre nach der Untersuchung der altägyptischen Haustierwelt, wie sie sich auf den Wandbildern und nach der Literatur darstellt (BOESSNECK, 1953), ergab sich endlich eine Gelegenheit, ein größeres Knochenfundgut aus Altägypten auszuwerten. Derartige osteoarchäologische Untersuchungen sind dringend erforderlich, um die Fragen beantworten zu können, die die Wandbilder und Plastiken offenlassen, also um das Bild über die altägyptische Tierhaltung abzurunden. Die Funde aus einer Siedlung der Hyksozeit im Ostdelta sind allerdings von vornherein nur bedingt zum Vergleich mit den Befunden für die Blütezeiten der drei altägyptischen Reiche geeignet, sie bringen aber andererseits eine wichtige Ergänzung für diese dunkle Epoche.

So war es, was den Typ der Wirtschaftstiere betrifft, nicht ohne weiteres als sicher anzusehen, daß der Befund so ausgezeichnet zu den Beobachtungen, die die Wandbilder vermitteln, passen würde, wie er es tut. Wir treffen das altägyptische Langhornrind an, wenn auch wohl nicht in der stattlichen Größe wie unter besonderen Auslesebedingungen. Bei der Schafrasse mit weitspiralig gedrehten Hörnern handelt es sich gewiß um das neu vom Osten her eindringende Wollschaf, das bald das horizontalschraubenhörnige Haarschaf verdrängte. Die altägyptische Schraubenhornziege behält den alten Typ bei. Die Esel stellt man sich nach den Wandbildern vielleicht nicht allgemein so klein vor. Kleinere, pariahartige Hunde, die für Aufmerksamkeit gegenüber Fremden sorgten, waren durchaus zu erwarten, aber die wenigen Hundeknochen erfassen sicherlich nur einen Ausschnitt aus der Gesamtvariation der vorkommenden Hunde.

Um die Größe der Tiere richtig erfassen zu können, bedarf es weiterer Serien mit besser erhaltenen Knochen. Auf die in ihrer Art großartigen Untersuchungen GAILLARDS an Mumienskeletten kann leider nur bedingt zurückgegriffen werden, weil die Maßangaben für Vergleiche mit Siedlungs- und Opferabfall unzureichend sind.

In der artlichen Zusammensetzung bestätigt sich die überragende Rolle des Rindes. Das Schaf stand weit mehr im Vordergrund, als es aus den Wandbildern zu erkennen ist. Beute- und Bestandsangaben in Zahlen lassen immerhin erkennen, daß die kleinen Wiederkäuer in größeren Herden gehalten wurden. Die Mengenangaben aus dem Alten Reich sind jedoch zum Vergleich ungeeignet, weil seit dem Mittleren Reich der zusätzliche Nutzen der Schafe als Wollkleidträger die Ziegenhaltung in den Hintergrund treten ließ. Möglicherweise muß das Vorherrschen des Schafes zusätzlich auch von der Lage des Fundortes aus gesehen werden, in Zusammenhang mit der besonderen Eignung der Brachen und Steppen im und am Delta zur Schafhaltung.

Aufschlußreich sind die Funde weiterhin insofern, als sie — wenn auch in untergeordneter Bedeutung — Schweinehaltung belegen. Für die Wertung des Befundes von Schweineknochen in dem kleinen Tempel aus Str. E/2 wären noch genauere Untersuchungen über den besonderen Zusammenhang dieses Tieres mit dem von den Hyksos bevorzugten Gott Seth-Baʿal notwendig.

Die Geflügelknochen bringen mit den Flamingo- und den Bläßhuhnnachweisen sowie der Uferschnepfe zwar gewöhnliche Arten der Gegend, aber nicht gerade das, was man auf Grund der Darstellungen des Geflügelfangs, des Vorführens und der Haltung als naheliegend erwartet hätte. Ein einziger Gänseknochen und einige wenige Entenknochen sprechen nicht für eine größere Bedeutung der Geflügelhaltung in Gehegen, wie sie die Wandbilder darstellen, oder in echter Haustierhaltung.

Es ist sehr zu hoffen, daß weitere größere Fundmaterialien an Tierknochen aus verschiedenen Perioden Altägyptens untersucht werden können, um die einzigartigen Möglichkeiten einer Synthese zwischen der kunstgeschichtlichen und der osteologischen Richtung der zooarchäologischen Haustierkunde zu nutzen, die Altägypten bietet.

Literaturverzeichnis

BACHER, A.: Vergleichend morphologische Untersuchungen an Einzelknochen des postkranialen Skeletts in Mitteleuropa vorkommender Schwäne und Gänse. Diss. München 1967.

BIETAK, M.: Bericht über die erste Grabungskampagne auf Tell el Dab'a im Ostdelta Ägyptens im Sommer 1966, Bustan 1968/1, 20—24, 1968 a.

— Vorläufiger Bericht über die erste und zweite Kampagne der österreichischen Ausgrabungen auf Tell el-Dab'a im Ostdelta Ägyptens (1966, 1967). Mitt. d. Dtschn. Archäol. Inst. Abt. Kairo 23, 79—114, 1968 b.

— Vorläufiger Bericht über die dritte Kampagne der österreichischen Ausgrabungen auf Tell el Dab'a im Ostdelta Ägyptens (1968). Mitt. d. Dtschn. Archäol. Inst. Abt. Kairo 26, 15—41. Mainz 1970.

— Tell el-Dab'a. Archiv für Orientforschung 23, 199—203, 1970 a.

— Tell el-Dab'a II. Unters. d. Zweigst. Kairo d. Österr. Archäol. Inst. I. Österr. Akad. d. Wiss., Wien 1975.

BÖKÖNYI, S.: Once more on the osteological differences of the Horse, the Half-Ass and the Ass. In: FIROUZ, L.: The Caspian Miniature Horse of Iran. Field Research Projects Nr. 64, 12—23, 1972.

BOESSNECK, J.: Die Haustiere in Altägypten. Veröff. der Zool. Staatssammlg. München 3, 1—50. München 1953.

— Zur Gänsehaltung im alten Ägypten. Wiener Tierärztl. Monatsschr., Festschr. Schreiber, 192—206, 1960.

— Die Domestikation der Graugans im alten Ägypten. Zeitschr. f. Tierzüchtg. u. Züchtungsbiol. 76, 356f., 1962.

— Die Equidenknochen von Tell el-Dab'a. Mitt. d. Dtschn. Archäol. Inst. Abt. Kairo 26, 42, 1970 a.

— Ein altägyptisches Pferdeskelett. Mitt. d. Dtschn. Archäol. Inst. Abt. Kairo 26, 43—47, 1970 b.

— Tierknochenfunde vom Zendan-i Suleiman (7. Jahrhundert v. Chr.). Archäol. Mitt. aus Iran NF 6, 95—111, 1973.

— A. VON DEN DRIESCH, U. MEYER-LEMPPENAU und E. WECHSLER-VON OHLEN: Die Tierknochenfunde aus dem Oppidum von Manching. Die Ausgrabungen in Manching 6 (Herausg. W. KRÄMER). Wiesbaden 1971.

— — Tierknochenfunde vom Korucutepe bei Elâziğ in Ostanatolien (Fundmaterial der Grabungen 1968 und 1969). Korucutepe 1, 1—220, 1975.

BOURDELLE, M. E.: Notes ostéologiques et ostéométriques sur l'Hemippe de Syrie. Bull. du Mus. Nat. d'Hist. Nat. 5, 435—442, 1933.

BRENTJES, B.: Großpferde und Ponys im Alten Orient. Zeitschr. f. Tierzüchtg. u. Züchtungsbiol. 85, 171—178, 1968.

BUTZER, K. W.: Studien zum vor- und frühgeschichtlichen Landschaftswandel der Sahara. III. Die Naturlandschaft Ägyptens während der Vorgeschichte und der Dynastischen Zeit. Akad. d. Wiss. u. d. Literatur Mainz. Abhdl. d. Math.-Nat. Kl. 1959, Nr. 2.

VON DEN DRIESCH, A., und K. ENDERLE: Tierknochenfunde aus der Agia Sofia-Magula in Thessalien (im Druck).

DUCOS, P.: Les Equides des Tombes Royales de Salamine. In: V. KARAGEORGHIS: Excavations in the Necropolis of Salamis 1, 154—181. Nicosia 1967.

— L'Origine des Animaux Domestiques en Palestine. Publ. de l'Inst. de Préhist. de l'Univ. de Bordeaux. Mém. No. 6. Bordeaux 1968.

— The Oriental Institute Excavations at Mureybit, Syria: Preliminary Report on the 1965 Campaign. Part IV: Les restes d'Equidés. Journ. of Near East. Sudies 29, 273—289, 1970.

ENGELMAYER, R., und J. JUNGWIRTH: Eine Methode der Härtung stark brüchiger Skelette aus Kulturschichten Unterägyptens. Ann. Naturhist. Mus. Wien 72, 693—696, 1968.

FIROUZ, L.: The Caspian Miniature Horse of Iran. Field Research Projects Nr. 64, 1972.

GAILLARD, C.: Contribution a l'étude de la Faune préhistorique de l'Égypte. Arch. Mus. d'Hist. Nat. Lyon 14. Lyon 1934.

— und G. DARESSY: La faune momifiée de l'antique Égypte. Catalogue Genéral des Antiquites Égyptiennes du Musée du Caire. Kairo 1905.

GEJVALL, N.-G.: The Fauna of the different Settlements of Troy. I. Dogs, Horses and Cattle. Stockholm 1946.

HAAK, D.: Metrische Untersuchungen an Röhrenknochen bei Deutschen Merinolandschafen und Heidschnucken. Diss. München 1965.

HAAS, G.: On the occurence of Hippopotamus in the Iron Age of the coastal area of Israel (Tell Qasîleh). Bulletin of the American Schools of Oriental Research, Nr. 132, 30—34. Baghdad 1953.

HALTENORTH, TH.: Klassifikation der Säugetiere: Artiodactyla. Handbuch der Zoologie 8: Mammalia, 1. Teil. Berlin 1963.

HAUCK, E.: Die Hunderassen im Alten Ägypten. Zeitschr. f. Hundeforschg. NF 16. Leipzig 1941.

HERRE, W., und M. RÖHRS: Die Tierreste aus den Hethitergräbern von Osmankayasi. In: K. BITTEL u. a.: Bogazkoy — Huttusa II. Die Hethitischen Grabfunde von Osmankayasi, 60—80, 71. wiss. Veröff. d. Dtschn. Orient. Ges. Berlin 1958.

JUNGWIRTH, J.: Die anthropologischen Ergebnisse der Grabungskampagne 1968 in Tell el-Dab'a, Unterägypten. Ann. Naturhist. Mus. Wien 73, 421—433, 1969.

— und R. ENGELMAYER: Die anthropologischen Ergebnisse der Grabungskampagne 1967 in Tell el-Dab'a, Unterägypten. Ann. Naturhist. Mus. Wien 72, 697—702, 1968.

LANGE, J.: Studien an Gazellenschädeln. Ein Beitrag zur Systematik der kleineren Gazellen, Gazella (De Blainville, 1816). Säugetierkdl. Mitt. 20, 193—249, 1972.

LERNAU, H.: Animal Remains from the Early Bronze Settlement at Arad. In: AMIRAN, R., u. a.: Early Arad, the Chalcolithic and the Early Bronze Age City. Jerusalem 1972.

LITTAUER, M. A.: The figured evidence for a small pony in the ancient Near East. Iraq 33, 24—30, 1971.

LORTET und C. GAILLARD: La Faune momifiée de l'ancienne Égypte. Arch. Mus. d'Hist. Nat. Lyon *8*. Lyon 1903.

— — La Faune momifiée de l'ancienne Égypte, 2. Sér. Arch. Mus. d'Hist. Nat. Lyon *9*. Lyon 1905.

MEINERTZHAGEN, R.: Nicoll's Birds of Egypt. 2 Bände. London 1930.

NOBIS, G.: Säugetiere in der Umwelt frühmenschlicher Kulturen. In: Studien z. europ. Vor- u. Frühgesch., 413—430. Neumünster 1968.

PIA, J.: Untersuchungen über die Rassenzugehörigkeit der altägyptischen Hausziege. Zeitschr. f. Tierzüchtg. u. Züchtungsbiol. *51*, 295—311, 1942.

SATZINGER, H.: Bergung und Härtung menschlicher und tierischer Skelette aus den hyksoszeitlichen Siedlungsschichten in Tell el-Dabʻa. Ann. Naturhist. Mus. Wien *73*, 435—440, 1969.

SHELLEY, G. E.: A Handbook to the Birds of Egypt. London 1872.

SILVER, I. A.: The Ageing of Domestic Animals. In: BROTHWELL, D., und E. HIGGS: Science in Archaeology, 250—268. London 1963.

WAGNER, K.: Rezente Hunderassen, eine osteologische Untersuchung. Skrift. utgitt av det Norske Videnskaps-Akad. Oslo, I. Mat. Nat. Klasse 1929, Nr. 9. Oslo 1930.

WRESZINSKI, W.: Atlas zur Altägyptischen Kulturgeschichte. I und III. Leipzig 1923 und 1936.

ZIETZSCHMANN, O.: Lehrbuch der Entwicklungsgeschichte der Haustiere. Berlin 1924.

Verzeichnis der Abbildungen

Tafeln 1—16

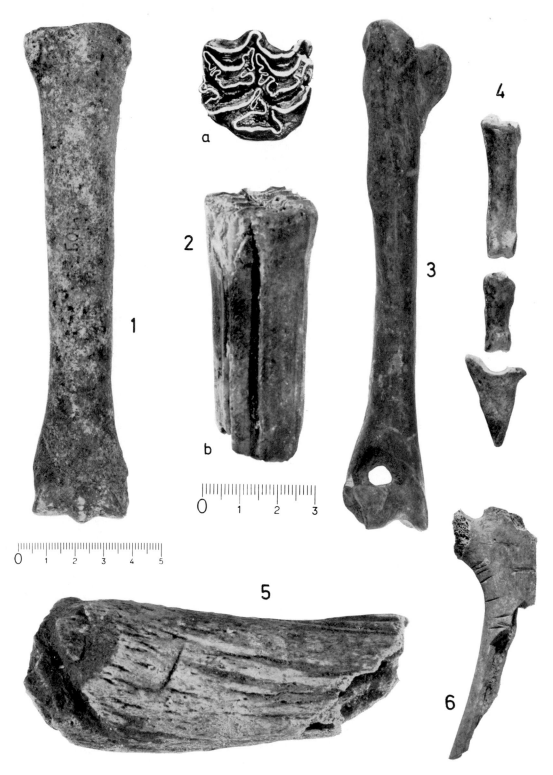

Abb. 1—6

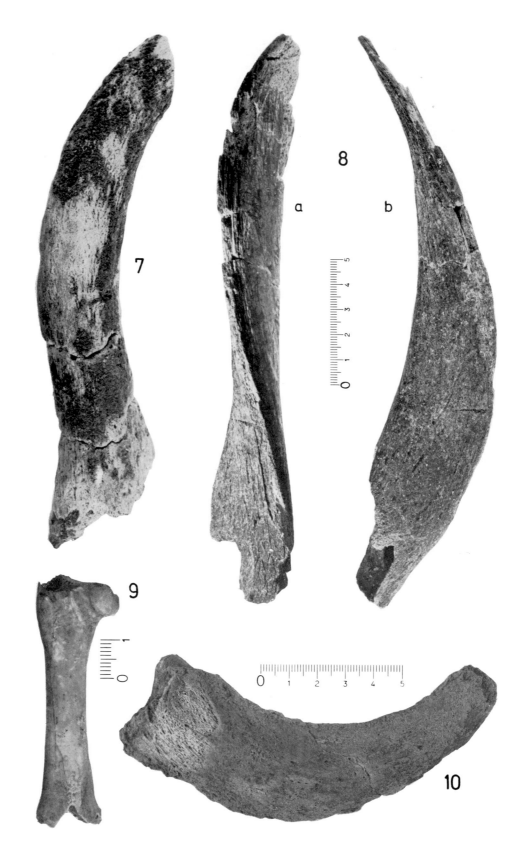

Abb. 7—10

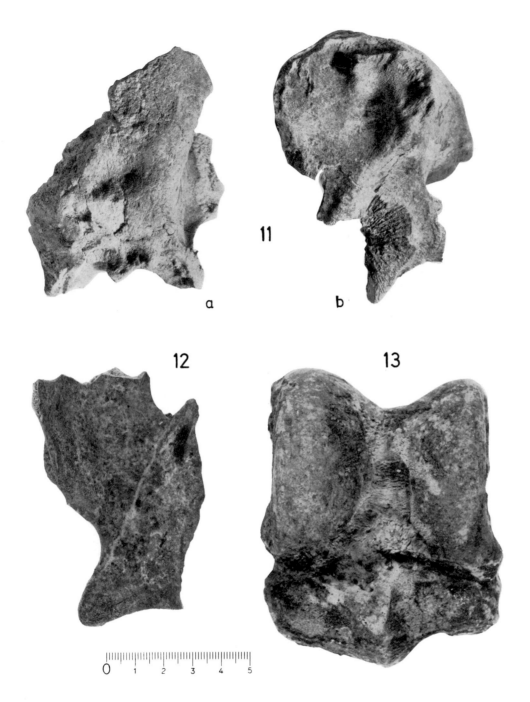

11

a   b

12   13

Abb. 11—13

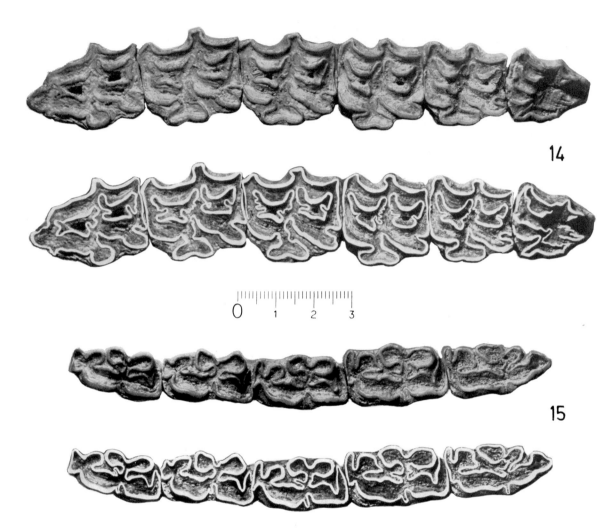

Abb. 14 und 15

Abb. 16

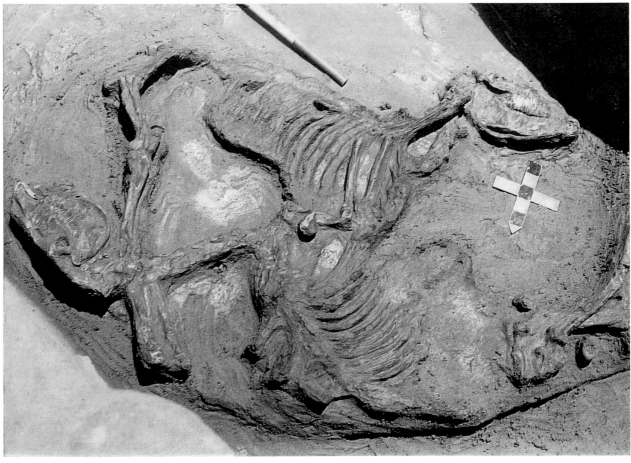

Abb. 17

Abb. 18

Abb. 19

Abb. 21

Abb. 20

Abb. 22

Abb. 23

Abb. 24

Abb. 25

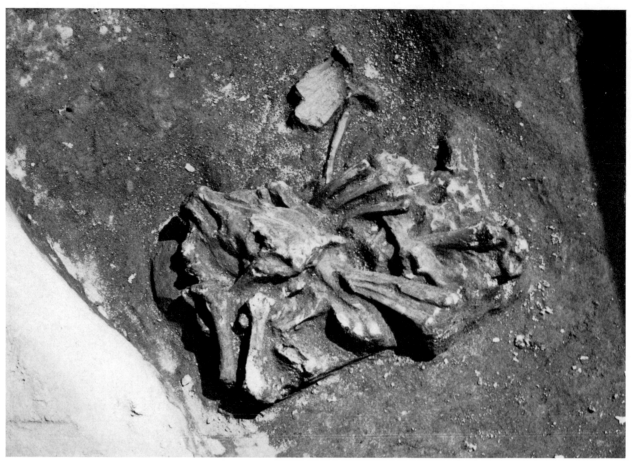

Abb. 26

Abb. 27

Abb. 28

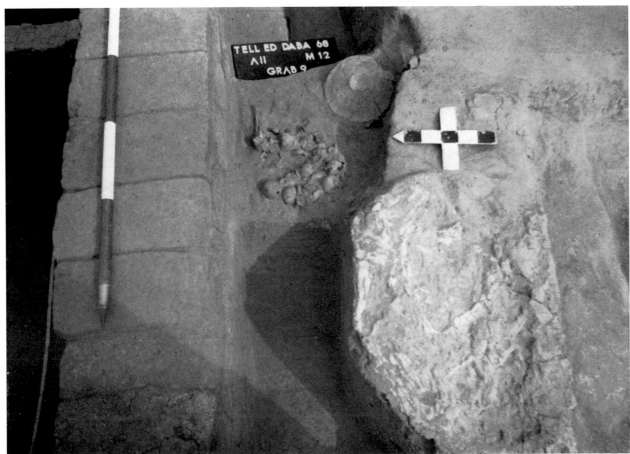

Abb. 29

Abb. 30

Abb. 31

Abb. 32

Abb. 33

Abb. 34

Abb. 35

Abb. 36

Abb. 37

Abb. 38